（宋）蘇轍 撰 傅增湘 校

傅增湘校本欒城集

第二册

國家圖書館出

第二册目録

卷一　詩五十二首

卷二 詩六十九首

卷三　詩七十五首

卷四　詩七十四首

卷五 詩六十六首

卷六 詩一百首

卷七　詩五十六首

殘宋本 九行十五字 一葉

欒城先生文集卷第一

宋眉山蘇轍子由著

明東吳王執禮子敬
顧天敘禮初 仝校

詩五十二首

郭綸

郭綸本河西弓箭手屢戰有功不賞自黎雅州都監官滿貧不能歸權嘉州監稅

郭綸本蕃種騎鬭雄西戎流落初無罪因循遂龍鍾嘉州已經歲見我涕無窮自言將家子少小學彎弓長遇西鄙亂走馬救邊烽手挑丈八矛所往如投空平生事苦戰數與大寇逢昔在定川寨賊來如羣蜂萬騎擁酋帥自謂白相公揮兵取其元糢糊腥血紅

戰勝士氣振赴敵如旋風蚩蚩氈裘將不信勇且忠遙語相勸誘一矢摧厥胸短兵接死地日落沙塵蒙馳歸不敢息馬口銜折鋒誰知八尺軀脫命萬死中忽聞南蠻叛羽檄行怱怱將兵赴危難瘴霧不辭衝行經賀州城寂寞無人蹤攀堞莽不見入據爲藥墉一旦賊兵下百計燒且攻三日不能陷救至遂得通崎嶇有成績元帥多異同有功不見賞憔悴落巴賓巳矣誰復信言之氣悯悯余不識郭綸聞此爲斂容一夫何足言竊恐悲羣雄此非介子推安肯不計功郭綸未嘗敗用之可前鋒

初發嘉州

放舟沫江濱往意念荆楚擊鼓樹兩旗勢如遠征戍紛紛上船人檮急不容語余生雖江陽未省至嘉樹巉巉九頂峯可愛不可住飛舟過山足佛脚見江滸舟人盡斂容競欲揖其拇俄頃已不見烏牛在中渚移舟近山陰壁峭上無路云有古郭生璞此地著箋註區區辨蟲魚爾雅細分縷洗硯去殘墨遍水如黑霧至今江上魚頂有遺墨處覽物悲古人嗟此空自苦余今方南行朝夕事鳴檮至楚不復留上馬千里去誰能居深山永與禽獸伍此事誰是非行行重回顧

過宜賓見夷中亂山

江流日益深民語漸已變岸闊山盡平連峯遠非漢慘慘瘴氣青

薄薄寒日暖峯巒若崖石草木條幹短遥想彼居人狀類麏鹿竄

何時遂平定戍卒從此返

夜泊牛口

行過石壁盡夜泊牛口渚野老三四家寒燈照疎樹見我各無言

倚石但箕踞水寒雙脛長壞袴不蔽股日暮江上歸潛魚遠難捕

稻飯不滿盂飢臥冷徹曙安知城市歡守此田野趣秖應長凍飢

寒暑不能苦

戎州

四集

江水通三峽州城控百蠻沙昏行旅倦邊靜禁軍閑漢虜更成市
羅紈斬不還投氈揀精密換馬瘦孱顏兀兀頭垂鬌團團耳帶環
夷聲不可會爭利苦閒關

舟中聽琴

江流浩浩羣動息琴聲琅琅中夜鳴水深天闊音響遠仰視牛斗
皆從橫昔有至人愛奇曲學之三歲終無成一朝隨師過滄海留
置絕島不復迎終年見怪心自感海水震掉魚龍驚翻回蕩瀰有
遺韻琴意忽忽從此生師來迎笑問所得撫手無言心已明世人
囂囂好絲竹撞鐘擊鼓浪謂榮安知江琴韻超絕擺耳大笑不肯

聽

泊南井口期任遵聖

期君荒江濆未至望已極朔風吹烏裘隱隱沙上立愧余後期至先到犯寒色既泊問所如歸去已無及繫舟重相邀雨冷塗路濕

江上早起

晨興孤舟上盥濯夜氣清整巾未皇坐雙櫓軋已鳴日出江霧散江上山從横區區茅舍翁曉出露氣腥收筒得大鯉愛惜不忍烹持之易斗粟朝飰厭魚羹蕭蕭遠風起泛泛野鴈驚忽過百餘里山水互變更逢舟問所如彼此不知名超超江湖間殊勝地上行

五葉

旦游市井喧莫宿無人聲江上誠足樂無怪陶朱生

江上看山

朝看江上枯崖山憔悴荒榛赤如赭莫行百里一回頭落日孤雲靄新畫前山更遠色更深誰知可愛信如今唯有巫山最穠秀依然不負遠來心

山胡

山胡擁蒼毳兩耳白茸茸野樹啼終日黔山深幾重啄溪探細石噪虎上孤峯被執應多恨筠籠僅不容

白鷴

六葉

白鷴形似鴿搖曳尾能長寂寞懷溪水低回愛稻粱田家比鷄鶩
野食薦杯觴肯信朱門裏徘徊占玉塘

屈原塔 在忠州

屈原遺宅秭歸山南賓古者巴子國山中遺塔知幾年過者遲疑
不能識浮圖高絕誰所爲原死豈復待汝力臨江慷慨心自明南
訪重華訟孤直世人不知徒悲傷強爲築土高岌岌

嚴顏碑 亦在忠州

古碑殘缺不可讀遠人愛惜未忍磨相傳昔者嚴太守刻石千歲
字已訛嚴顏平生吾不記獨憶城破節最高被擒不辱古亦有吾

七葉

愛善折張飛豪軍中生死何足怪乘勝使氣可若何斫頭徐死子無怒我豈畏死如兒曹匹夫受戮或不避所重壯氣吞黃河臨危閑暇有如此覽碑慷慨思橫戈

竹枝歌忠州作

舟行千里不至楚忽聞竹枝皆楚語楚言啁哳安可分江中明月多風露扁舟日落駐平沙茅屋竹籬三四家連舂並汲各無語齊唱竹枝如有嗟可憐楚人足悲訴歲樂年豐爾何苦釣魚長江江水深耕田種麥畏狼虎俚人風俗非中原處子不嫁如等閑雙鬟垂頂髮已白負水採薪長苦艱上山採薪多荊棘負水入溪波浪

黑天寒斫木手如龜水重還家足無力山深瘴暖霜露乾夜長無衣猶苦寒平生有似麋與鹿一旦白髮已百年江上乘舟何處客列肆喧譁占平磧遠來忽去不記州罷市歸船不相識去家千里未能歸忽聽長歌皆慘悽空船獨宿無與語月滿長江歸路迷路迷鄉思渺何極長怨歌聲苦淒急不知歌者樂與悲遠客乍聞皆掩泣

望夫臺在忠州南數十里

江上孤峯石爲骨望夫不來空獨立去時江水拍山流去後江移水成磧江移岸改安可知獨與高山化爲石山高身在心不移慰

爾行人遠行役

八陣磧在夔州

漲江吹八陣江落陣如故我來苦寒後平沙如匹素乘高望遺迹
磊磊六十四遙指如布棊就視不知處世稱諸葛公用衆有法度
匾匾落褭斜軍旅無闕步中原竟不到置陣狹無所茫茫平沙中
積石排隊伍獨使後世人知我非犇鹵奈何長蛇形千古竟不悟
惟餘桓元子久視不能去

灩澦堆或云上有古碑

江中石屏灩澦堆鼉鼈靈夏禹不能摧深根百丈無敢近落日紛紛

皃鴈來何人磊落不畏死爲我赤脚登崔嵬上有古碑刻奇篆當
使盡讀磨着苔此碑若見必有怪恐至絶頂遭風雷

入峽

舟行瞿唐口兩耳風鳴號渺然長江水千里投一瓢峽門石爲戶
鬱怒水力驕扁舟落中流浩如一葉飄呼吸信奔浪不復由長篙
捩柁破濆旋昃與亂石遭兩山巉相値望之不容舠漸近乃可入
白鹽最雄高草木皆倒生哀叫悲玄猿白雲繚長袖零露如飛毛
緬懷洚水年慘變病有堯禹益決岷水屢與山鬼鏖摧岡轉大石
破地疏洪濤巉巉當道山斬截肩尾銷峭壁下無趾連峯斷脩膂

十葉

破處不生草上不挂鳥巢水怪不盡戮下有龍與鼇遼哉千萬年
禹死遺迹牢豈必見河洛開峽斯已勞

巫山廟

山中廟堂古神女楚巫婆娑奏歌舞空山日落悲風吹舉手雖盱
道神語神仙潔清非世人瓦盎傾醪薦糜脯子知神君竟何自西
方眞入古王母飄然乘風遊九州揭渡西海薄中土白雲爲車駕
蒼虬驂乘湘君宓妃御天孫織綃素非素衣裳飄飖薄煙霧泊然
冲虛眇無營朝飡屑玉嚥瓊乳下視人世安可據超江乘山去無
所巫山之下江流淸偶然愛之不能去湍崖激作相喧豗白花翻

翻龍正怒堯使大禹導九州石隕山隊幾折股山前恐懼久無措
稽首山下苦求助丹書玉笈世莫窺指示文字相爾汝擘山決江
幸無苦庚辰虞余實相禹功成事定世莫知空山俄頃千萬古廟
中擊鼓吹長簫採蘭爲飧蕙爲肴玉缶薦芝香飄蕭龍勺取酒注
白茅神來享之風飄飄荒山長江何所有豈有瓊玉薦沉寥神君
聰明無我責爲我驅獸攘龍蛟乘船入楚泝巴蜀濆旋深惡秋水
高歸來無恙無以報山上麥熟可作醪神君尊貴豈待我再拜長
跪神所勞

巫山廟烏

巫廟眞人古列仙高心獨愛玉爐煙飢烏巧會行人意來去紛紛噪客舩

昭君村

峽女王嬙繼屈須入宮曾不愧秦姝一朝遠逐呼韓去遙憶江頭捕鯉魚江上大魚安敢釣轉柂横江筋力小深邊積雪厚埋牛兩處辛勤何處好去家離俗慕榮華富貴終身獨可嗟不及故鄉山上女夜從東舍嫁西家

三遊洞

洞前危逕不容足洞中明曠坐百人著崖硉兀起成柱亂石散列

十二葉

如鶩麇清溪百丈下無路水滿沙土如魚鱗夜深明月出山頂下照洞口纔及昏沉沉深黑若大屋野老構火青如燐平明欲出迷上下洞氣飄亂爲横雲深山大澤亦有是野鳥鳴噪孤熊蹲三人一去無復見至今冠蓋長滿門

寄題清溪寺 在硤州鬼谷子故居

清溪鬼谷子雄辯傾六國視世無足言自閉長默默蘇張何爲者欲竊長短術學成果無賴遂爲世所惑顛倒賣諸侯傾轉莫可執後世何不明疑我不汝及誰知居深山玩世可終日君觀二弟子死處竟莫得客齊自披裂投魏求寄食悠悠清溪中石亂流水急

十三葉

溪魚爲朝飡老死得安穴居亂獨無言其辯吾不測

息壤 在荆南南門外

江上寒沙薄如席一夕墳起成高邱江流傾轉力不勝左齧右吐非自由南郡城南獨何者平地生長殊不休當中屋背不盈尺深入百丈皆石樓古人不知下有怪發破不掩水漲浮傳言夏鯀塞洚水上帝愛此無敢偷竊持大畚負長鏄刺取不已帝使流禹知水怒非塞止網捕百怪雜蜃鰍掘壕入土不計丈投擲塡壓聲嗚啾一時既定憂後世恐此竊出壞九州神人已死無復制故以此土封其頭發之輒滿不可既意使靈物長幽囚前年大旱千里赤

取土盈掬雨不收誰言咫尺舊黃壤中有千歲龍與虬高山萬仞猶可削嗟此何獨生如莵天長地遠莽無極雖有缺壞誰能賙我疑天意固有在患世多事窮鑴鎪埏陶鼓鑄地力困久不自補無爲憂世無女媧空白石磊磊滿地如浮漚耕田鑿井自無已息壤無幾安能酬

荊門惠泉

泉源何從來山下長溪發油然本無營誰使自激洌茫茫九地底大水浮一葉使水皆爲泉地已不勝洩應是眾水中獨不容至潔涓涓自傾瀉奕奕見淸徹石泓淨無塵中有三尺雪下爲百丈溪

冷不受魚鼈脫衣浣中流解我雙足熱樂哉泉上翁大旱不知竭

答荆門張都官維見和惠泉

荒凉荆門西泉水誰爲洩發源雖甚微來意不可折平鋪濤地滿皎皎自明澈甘涼最宜茶羊炙可用雪炎風五月交中夜吐明月太守燕已遠青嶂空嶕嶕泉上白髮翁來飲杯饌闕酌水自獻酬箕踞無禮節區區游泉人常值午日烈回首憂重城賞玩安能徹

浰陽早發

春氣入楚澤原上草猶枯北風吹栗林梅蘂颯已無我行亦何事驅馬無疾徐楚人信稀少田畝任蓁蕪空有道路人擾擾不留車

悲傷彼何賴歎息此亦愚今我何爲爾豈亦愚者徒行行楚山曉霜露滿陂湖

襄陽古樂府二首

野鷹來

野鷹來雄雉走蒼茫荒榛下氊毼大如斗鷹來蕭蕭風雨寒壯士臺中一揮肘臺高百尺臨平川山中放火秋草乾雉肥兔飽悉不去野鷹飛下風蕭然嗟我呼鷹臺人去臺已圮高臺不可見況復呼鷹子長歌野鷹來當年落誰耳父生已不武子立又不強北兵果南下擾擾如驅羊鷹來野雉何暇走東縛籠中安得翔可憐野

雉亦有爪兩手持鷹猶可傳

襄陽樂

誰言襄陽苦歌者樂襄陽太守劉公子千年來可忘劉公一去歲時改惟有川南漢水長漢水南流峴山碧種稻耕田泥沒尺里人種麥滿高原長使越人耕大澤中多水原上乾越人爲種楚人食火耕水耨古常然漢水魚多去滿船長有行人知此樂求買槎頭縮項鯿

雙鳧觀 在葉縣

王喬西飛朝洛陽飄飄千里雙鳧翔鳧飛遭網不能去惟有空履

梟已亡誰知野鳥不能化豈必雙履能飛揚梟神履怪當有在搔首野廟春風長

懷澠池寄子瞻兄

相攜話別鄭原上共道長途怕雪泥歸騎還尋大梁陌行人已渡古崤西曾爲縣吏民知否（轍嘗爲此縣簿未赴而中第）舊宿僧房壁共題（轍昔與子瞻應舉過宿縣中寺舍題其老僧奉閑之壁）遙想獨遊佳味少無言騅馬但鳴嘶

辛丑除日寄子瞻

一歲不復居一日安足惜人心畏增年對酒語終夕夜長書室幽燈燭明照席盤飧雜梁楚羊炙錯魚腊庖人饌雞兔家味宛如昔

十七葉

山川足清曠闤闠巧拘囚安得纖悶御閭爲樓滿遊遨知因渙汗

次韻子瞻減降諸縣囚徒事畢登覽

偶成一朝樂遂使千里隔何年相會歡逢節勿輕擲

漾漾洛水碧官閑得相從春野玩朝日安知書閣下塵土並遭蔽

同爲洛中吏相去不盈尺濁醪空分挈新筍可餉伯嶙嶙嵩山美

終歲守墳籍酒酸未嘗飲牛美每共炙謂言從明年此會可懸射

相攜歷唐許花柳漸牙拆居梁不耐貧投杞避糠覈城南庠齋靜

魚鴈賤宜客楚人重歲時爆竹鳴礫礫新春始涉五田凍未生麥

有懷岐山下展轉不能釋念同去閭里此節三已失初來寄荆渚

十八葉

遠出散幽憂原隰繁分繡村墟盡小俟春深秦樹綠野闊渭河流
四顧神蕭瑟前探意漲浮勝觀殊未已往足誰謂能收下坂如浮舸
登崖劇上樓強行攦僂困坐氣噓咻鳥語林巒靜花明澗谷幽
濯溪驚野老伐路駭佗州中散採深去文淵到處留聽琴峯下寺
弄石水中洲溪冷泉冰脚山高霧遶頭石潭清照骨瀑水濺成鉤
仙廟鳴鐘磬神官秉鉞劉養生聞帝女服氣絕彭鏗故宅猶傳尹
先師不喜丘居人那識道過客謾停驂巖谷誠深絕神仙信有不
雲居無几杖霞珮棄鐫鏤豹隱連山霧龍潛百尺湫門開誰與叩
桃熟浪傳偷紺髮洵無比方瞳凜不侔會須林下見乞取壽年修

十九葉

披去和雞犬相隨若旆旐乘風遺騕褭長嘯賤笙簧從騎衣皆羽
前驅鬢鬣盡蚪安能牽兩足蹔得快雙蹕自昔辭鄉樹南行上楚舟
萬江窮地脈三峽束天溝雲暗酆都晚波吹木櫪秋尋溪緣窈窕
入洞聽飀飀空寺收黃粟荒祠晝伏彪登臨雖永日行邁肯停輈
蓄縮今何事攀躋昔已悠魏京饒士女春服聚蜉蝣雷動車爭陌
花搖樹繫鞦遊人紛蕩漾野鳥自嚶呦平日曾經洛閑居願卜緱
空言眞比夢久渴漸成愁早退嘗相約辭囂痛自摟愛山心劫劫
從宦與油油海宇都無礙山林盡可投願爲雲上鵠莫作盎中鯈
適性行隨足謀生富給喉今遊雖不與後會豈無由晝出同穿履

宵眠共覆衾弟兄眞欲爾朋好定誰傳試寫長篇調何人肯見酬

次韻子瞻太白山下早行題崇壽院

山下晨光晩林稍露滴昇峰頭斜見月野市早明燈樹暗猶藏鵲堂開已饌脩據鞍應夢我聯騎昔嘗曾

次韻子瞻延生觀後山上小堂

謝公遊意未能厭踏盡登山屐齒尖古殿神仙深杳杳香爐烟翠起纖纖巖花寂歷飄瓊片庭檜蕭疎漏玉蟾帝子莫歸人不見微風細雨自開簾 唐玉眞公主修道於此山

次韻子瞻題仙遊潭中興寺

潭邊沙水不成泥潭上孤禽挂巘啼繚繞飛橋能試客蒙茸翠蔓
巧藏溪雲爲絳帳馬融室石作屏風玉女閨仙果知君今未足臨
潭脚戰怕長梯

石鼻城

千山欲盡垂爲鼻百戰皆空但有城虎鬪穴中秦地恐龍飛渭上
漢江傾雍人未有章邯怨魏將猶存仲達精睥睨陵遲春草滿白
羊無數向風鳴

磻溪石

呂公年已莫擇主渭河邊跪餌罶雙膝臨溪不計年神專能陷石

廿一条

心大豈營鱣不到磻溪上安知自守堅

郿塢

董公平昔甚縱横晚歲藏金欲避兵當日英雄智相似燕南趙北亦爲京

樓觀

老聃厭世入流沙飄蕩如雲不可遮弟子憐師將去國關門望氣載還家高臺尚有傳經處畫壁空留駕犢車一授遺書無復老不知何苦服胡麻此觀尹喜舊宅神仙傳言尹喜於流沙之西服巨勝實

次韻子瞻秋雪見寄二首

秋氣蕭騷仍見雪客愁繚繞動縈心幽吟北戶窗聲細歸夢幽關
馬迹深疎樹飛花輕蔌蔌衰荷莤柄亂簪簪遙聞詩酒皆推勝社
客何人近納琛

平時出處常聯袂文翰叨陪舊服膺自信老兄憐弱弟豈關天下
少良朋何時杯酒看浮白清夜肴蔬粗滿登離思隔年詩不盡秦
梁雖遠速須賡

次韻子瞻聞不赴商幕三首

怪我辭官免入商才疎深畏忝周行學從社稷非源本近讀詩書
識短長東舍久居如舊宅春蔬新種似吾鄉閉門已學龜頭縮避

誘仍兼雉尾藏（雉藏不能盡尾　鄉人以爲誇）

南商西洛曾盧署長吏居民怪不來妄語自知當見棄遠人未信本非才厭從貧李嘲東閤懶學訣張緩兩偲知有四翁遺跡在山中豈信少人哉

塡動篪鳴只自知憂輕責少幸官卑聲名謾作耳中瑱科第空收頷底髭西鄙猖狂猶將將中朝閑暇自師師近成新論無人語仰羡飛鴻兩翅差

次韻子瞻病中大雪

吾兄筆鋒雄詩俊不可和雪中思淸絕韻惡愈難奈殷勤賦黃竹

自勸飲自隳言隨飛花落意與長風皺餘力遠見撩千里寄巑嵯
嗟予學久廢有類轉空磨研磨久無得安可待充貨空記乘峽船
行意被摧剉溟濛覆洲渚泠冽光照坐我唱君賓酬馳騁不遑臥
譬如逐獸盧豈覺山逕坷酒肴助喧熱筆硯盡霑涴詩詞禁推類
令肅安敢破亦有同行人牽挽赴程課爾來隔秦魏渴望等飢餓
徒然遇佳雪有酒誰與賀

次韻子瞻記歲莫鄉俗三首

饋歲

周公制鄉禮無有相通佐鼎肉逆子思烝豚出陽貨交親隨高低

廿四葉

豈問小與大自從此禮衰伏臘有飢臥鄉人慕古俗酬酢等四坐
東鄰遺西舍迭出如蟻磨寧我不飲食無爾相告過相從慶新春
顏色買愉和

別歲

富貴日月速貧賤覺歲遲遲速不須問俱作不可追親舊且酣飲
送爾天北涯歲歲雖無情從我歷四時酌爾一盃酒留我壯且肥
長作今歲歡勿起異日悲掉頭不肯顧曾莫與我辭酒闌氣方橫
豈信從爾衰

守歲

於菟絶繩去顧兕追龍蛇是歲壬寅奔走十二蟲羅網不及遮嗟我地
上人豈復奈爾何未去不自閑將去乃諠譁天上驅歎官爲君肯
停樋曾陽揮長戈日車果再斜釃酒勸爾醉期爾甦蹉跎偕醉遣
爾去壽考自足誇

記歳首鄉俗寄子贈二首

踏青

江上氷消岸草青三三五五踏青行浮橋没水不勝重野店壓糟
無復清松下寒花初破蕚谷中幽鳥漸嚶鳴洞門泉脈龍睛動觀
裹丹揮鳴舌生山下餅罌啚稚孺峰頭鼓樂聚簪纓縞裙紅袂隖

江影青蓋驊騮踏石聲𡒄去爭先心蕩漾莫歸跨後醉從橫最憐
人散西軒靜曖曖斜陽著樹明

蠶市

枯桑舒牙葉漸青新蠶可浴日晴明前年器用隨手敗今冬衣着
及春營傾囷計口賣餘粟買箔還家待種生不惟箱篚供婦女亦
有鉏鎛資男耕空巷無人鬬容冶六親相見爭邀迎酒肴勸屬坊
市滿鼓笛繁亂倡優獰蠶叢在時已如此古人雖沒誰敢更異方
不見古風俗但向陌上聞吹笙

子瞻寄示岐陽十五碑

廿六葉

堂上歧陽碑吾兄所與我吾兄自善書所取無不可歐陽弱而立
商隱瘦且橋小篆妙詰曲波字美婀娜譚藩居顏前何類學顏頗
魏華自磨淬峻秀不包裹九成刻賢俊磊落雜么麼英公與褒鄂
戈戟鬭自荷何年學操筆終歲惟箭笴書成亦可愛藝業嗟獨夥
余雖謬學文書字每慵墮車前駕騏驥車後繫羸跛逾年學舉足
漸亦行駊騀古人有遺迹覓短不及鎳願從兄發之洗硯處兄左

蘇文定公文集卷第一

欒城集之一　終

欒城集卷之二

宋眉山蘇轍子由著　　明東吳王執禮子敬 顧天敘禮初仝校

蘇文定公文集卷第二

詩六十九首

畫文殊普賢

誰人畫此二菩薩趺坐花心乘象狻弟子先後執盂缶老僧槎牙森比肩山林脩道幾世刼顏貌偉麗如開蓮重崖宛轉帶林樹野水荒蕩浮雲天峨眉高處不可上下有絕澗錮九泉朝陽未出白霧起有光升天如月圓靈仙居中粗可識有類白兎依清躔遊人

一葉

禮拜千萬萬迤邐漸遠如飛煙五臺不到想亦爾今之畫圖誰所傳吾兄子瞻苦好異敗繒破紙收明鮮自從西行止得此試與記錄代一觀

聞子瞻重遊南山

終南重到已春回山木緣崖綠似苔谷鳥鳴呼嘲獨往野人笑語記曾來定邀道士彈鳴鹿誰與溪堂共酒杯應有新詩還寄我與君和取當遊陪彈鳴鹿飲溪堂皆前遊終南時事

子瞻見許驪山澄泥硯

長安新硯石同堅不待書求遂許頒豈必饑人勝近世強推銅雀

滿舊痕泉落空巖虛谷應孤敲清殿百官與蹇終宵獨聽不能學庭

久廊風桐不復彈偶然尋繹尚能存倉庚鳴樹思前歲春水生波

大人久廢彈琴此借人雷琴以記舊曲十得三四率爾拜呈

共肩輿看麥田

體自便愛奈衛能臨蒲飲讀書無思懶開編秦川雪盡南山出思

寒食明朝一百五誰家冉冉向廚烟桃花開盡葉初綠燕子飛來

寒食前一日寄子瞻

君湘竹筆身斑

汲灑山寒燥舒卷開雲渫清露落流發滯消早與封題寄書家報

三葉

樹無風月滿軒

聞子瞻習射

舊讀兵書氣已振近傳能射喜征鼓手隨樂節寧論中箭作鵰聲不害文力薄僅能勝五斗才高應自敵三軍良家六郡傳眞法馬上今誰最出羣

種菜

久種春蔬早不生園中汲水亂瓶甖菘葵經火未出土僮僕何朝飽食羹強有人功趨節令悵無甘雨困耘耕家居閑暇厭長日欲看年華上菜莖

次韻子瞻題薛周逸老亭

飛鳥不知穴山鹿不知流薛子善飲酒口如汲水虬吾觀腸胃間何異族黨州人滿地已盡一介不可留謂子試飲水一酌不再求謂子飲醇酒百醻豈待酬酒可水不可其說亦已悠以我視夫子胸腹百丈幽譬如田中人視彼公與侯未省破顏飲何況裸露頭鴟夷謂大瓠皆飽安用浮多少苟自適豈害為朋遊

次韻子瞻題長安王氏中隱堂五首

秦中勝嵋蜀故國不須歸甲第春風滿巴山晝夢非竹深啼鳥亂花落晩蜂飛我欲西還去敲門愼勿違

其二

唐朝卿相宅此外更應無請看庭前樹曾攀屋裏姝流傳漸失實遺老不禁徂試問歸登物林間琴石孤或云此郎歸登宅

其三

愛君高堂上有似蜀江壖墻外終南近簷西太白偏晩梅晴自媚老竹暗相遷未到遙聞說吾廬安得然

其四

官去空留鶴山浮不見鼇竹林迎日淨槐木擁亭高烏噪知人至蟬鳴覺口勞誰能飲堂上解帶不穿袍

五桑

其五

君看原上墓墳盡但餘碑誰見生前貴塵生帶下𪓟高堂幸有酒一飲豈論貲勉強行樂耳古人良可悲

和子瞻鳳翔八觀八首

石鼓

岐山之陽石爲鼓叩之不鳴懸無虡以爲無用百無直以爲有用萬物祖置身無用有用間自託周宣誰敢侮宣王沒後墳壠平秦野蒼茫不知處周人舊物惟存山文武遺民盡囚虜鼎鍾無在鑄戈戟宮殿已倒生禾黍厲宣子孫竄四方昭穆錯亂不存譜時有

過客悲先王綱繆牖戶徹桑土思宣不見幸鼓存由鼓求宣近爲
愈彼皆有用世所好天地能生不能主君看項籍猛如狼身死未
冷割爲脯馬童楊喜豈不仁待汝封侯非怨汝何況外物固已輕
毛擒翡翠尾執麈惟有蒼石於此時獨以無用不見斅形骸偃蹇
任苔蘚文字皴剝困風雨遭亂旣以無用全有用還爲太平取古
人不見見遺物如見方召與申甫文非科斗可窮詰簡編不載無
訓詁字形漫汗隨石缺著蛇生角龍折股亦如老人遭暴橫頤下
髭禿口齒齬形雖不具意可知有云楊柳貫魴鱮魴鱮豈厭居溪
谷自投網罟入君俎柳條柔弱長百尺挽之不斷細如縷以柳貫

魚魚不傷貫不傷魚魚樂死登之廟中鬼神格錫女豐年多黍稌
宣王用兵征四國北攉犬戎南服楚將帥用命士卒驩死生不顧
闞虓虎問之何術能使然撫之如子敬如父弱柳貫魚魚弗違仁
人在上民不怨請看石鼓非徒然長笑太山刻秦語

咀楚文 咀當作詛

詛楚楚如桀詛秦秦則紂桀罪使信然紂語安足受牲肥酒醪潔
夸誕鬼不祐鬼非東諸侯豈信辯士口碑埋祈年下意繞章華走
得楚不付孫但爲劉季取吾聞秦穆公與晉實甥舅盟鄭絕晉歡
結楚將自救 事見呂相絕秦 使秦詛楚人晉亦議其後諸侯迭相詛禍福

果誰有世人不知道好古無可否何嘗投涇流渾濁豈鄙醜

王維吳道子畫在普門及開元寺

吾觀天地間萬事同一理扁也工斲輪乃知讀文字我非畫中師偶亦識畫旨勇怯不必同要以各善耳壯馬脫銜放平陸步驟風雨百夫靡美人婉娩守閑獨不出庭戶修容止女能嫣然笑傾國馬能一蹴致千里優柔自好勇自強各自勝絕無彼此誰言王摩詰乃過吳道子試謂道子來置女所挾從軟美道子掉頭不肯應剛傑我已足自恃雄奔不失馳精妙實無比老僧寂滅生慮微侍女閑絜非復婢丁寧勿相違幸使二子齒二子遺迹今豈多岐陽

可貴能獨備但使古壁常堅完塵土雖積光豔長不毀

楊惠之塑維摩像 在天柱寺

金粟如來瘦如腊坐上文殊秋月圓法門論極兩相可言語不復相通傳至人養心遺四體瘦不爲病肥非妍誰人好道塑遺像鮐皮束骨筋扶咽兀然隱几心已滅形如病鶴竦兩肩骨節支離體踈緩兩目視物猶燗然長嗟靈運不知道強翦美鬚插兩顴彼人視身若枯木割去右臂非所患何況塑畫已身外豈必奪爾庸自全真人遺意世莫識時有遊僧施鉢錢

東湖

不到東湖上但聞東湖吟詩詞已清絕佳境亦可尋蜿蜒着石蟠
蟠拏據湖心倒腹吐流水奔注爲重深淸風蕩微波渺渺平無音
有鼈行在沙有魚躍在潯鼈圓如新荷魚細如蠹蟫梧桐生兩涯
蕭蕭自成林孫枝復生孫已中瑟與琴秋蟲噪蜩蟄春鳥鳴鳺鷽
有客來無時濯足蔭清陰自忘府中官取酒石上斟醉倒臥石上
野蟲上其襟醒來不知莫湖月翻黃金油然上馬去縱意不自箴
作詩招路人行樂宜及今人生不滿百一瞬何所任路人掉頭笑
去馬何駸駸子有不肖弟有冠未嘗簪願身化爲綫使子爲之鍼
子欲烹鯉魚爲子漑釜鬵子欲枕山石爲子求布衾異鄉雖云樂

十葉

不如反故岑瘦田可鑿耕桑柘可織紝東有軒轅泉隱隱如牛涔西有管輅宅尙存青石碪彭女留膝踝禮拜意已欽慈母抱衆子亂石寒蕭森朝往莫可還此豈不足臨慎勿語他人此意予獨諶

眞興寺閣

秦川不爲廣南山不爲高差峩眞興閣傑立陵風飈危檻俯翔鳥跳躑落飛猱上有傲世人身衣白鶴毛下視市井喧奔走何嗷嗷蕭然倚檻嘯遺響入雲霄淸風吹其裾冉冉不可操不知何所爲

李氏園（李茂正園也俗謂皇后園蓋茂正謂其妻也）

豈郎非盧敖遊目萬里間遠山如伏兕遺語謝世俗釣魚當釣鼇

有客騎白駒揚鞭入青草悠悠無遠近但擇林亭好蕭條北城下
園號李家媪繫馬古車門隨意無酒掃鳴禽驚上屋飛蝶紛入抱
竹林凈如濯流水清可澡閑花不着行香梨獨依鳥松枝貫今昔
林影變昏早草木皆蒼顏亭宇已新造臨風置酒樽庭下取栗棗
今人強歡笑古人已枯槁欲求百年事不見白鬚老秦中古云樂
文武在豐鎬置囿通樵蘇養獸讓麀麌池魚躍金碧白鳥飛紵縞
牛羊感仁恕行葦亦自保當年歌靈臺後世詠魚藻古詩宛猶在
遺處不可考悲哉李氏末王霸出奴阜城中開芳園城外羅戰堡
繫鼓鳴巨鐘百姓皆懊惱及夫聖人出戰國卷秋潦園田賦貧民

耕破園前道高原種菽粟陂澤滿粳稻春耕雜壺漿秋賦輸秸藁
當年王家孫自庇無尺椽空餘百歲木妄爲夭巫禱遊人足譏罵
百世遭舌詩老翁不願見垂涕祝繈褓持用戒滿盈飲酒無醉倒

秦穆公墓在雍泉上

泉上秦伯墳下埋三良士三良百夫特豈爲無益死當年不幸見
迫脅詩人尚記臨穴惴豈如田橫海中客中原皆漢無報所秦國
吞西周康公穆公子盡力事康公穆公不爲負豈必殺身從之遊
夫子乃以侯嬴所爲疑三子王澤既未竭君子不爲詭三良狥秦
穆要自不得已

聞子瞻將如終南太平宮谿堂讀書

爲吏豈厭事厭事日墮媮著書雖不急賢與百世謀問吏所事何過客及繫囚客實虛攬人囚有不自由辨之何益增不辨亦足憂嗟此誰不能脫去使自收幽幽南山麓下有谿水流溪上亦有堂其水可濯涑終日不見人惟有山鹿呦是時夏之初溪冷如孟秋山樵黃笠屐林筍紫角抽朝取筍爲羹莫以樵爲羞溪魚鯉與魴山鳥鷽與鳩食之飽且平偃仰自佚休試探篋中書把卷揖前脩恍如反故鄉親朋自相求蔚如甕中糟久熟待一篘爲文若江河豈復有刻鎪尚何憶我爲欲與我同遊我雖不能往寄詩以解愁

十三葉

次韻子瞻麻田青峰寺下院翠麓亭

走馬紅塵合開懷野寺存南山抱村轉渭水帶沙渾亭峻朱欄繞
堂虛白佛尊煩襟喜脩竹勸馬樂芳蓀白氎疊來隨手清泉滿照盆
塵顏洗濯淨髀肉再三捫饋食青蔬軟流匙細粟翻老僧勿施敬
對客說山門

次韻子瞻宿南山蟠龍寺

谷中夜行不見月上下不辨山與谷前呼後應行相從山頭誰家
有遺竹逴逴深徑馬蹄響落落稀星著疎木行投野寺僧已眠叩
門無人狗出縮號呼從者久嗔駡老僧下牀揉兩目問知官吏冒

夜來掃牀延客卧華尾釜中無羮餁實盡愧客滿盎惟脫粟客來

已遠睡忘覺僧起開堂勸晨粥自嗟奔走閱僧閑偶然來過何年

復留詩滿壁待重遊但恐塵埃難再讀

賦園中所有十首時在京師

萱草朝始開呀然黃鵠觜仰吸日出光口中爛如綺纖纖吐須鬣

冉冉隨風哆朝陽未上軒粲粲幽閑女美女生山谷不解歌與舞

君看野草花可以解憂悴

其二

寒地竹不生雖生常若病斸根種幽砌開葉何巳猛嬋娟冰雪姿

散亂風日影繁華見孤淡一箇敵千頃令人憶江上森聳綠崖勁

無風籜自飄策策鳴荒逕

其三

蘆生井欄上蕭騷大如竹移來種堂下何爾短局促莖青甲未解

枯葉已可束蘆根愛溪水餘潤長鮮綠強移性不遂灌水惱僮僕

晡日下西山汲者汗盈掬

其四

堂後病石榴及時亦開花身病花不齊火候漸已差芳心竟未已

新蕚綴枯槎誰言石榴病乃久占年華鄰家花最盛早發豈容遮

殘紅已零落婀娜子如瓜

其五

蒲桃不禁冬屈盤似無氣春來乘盛陽覆架青綾被龍髯亂無數

馬乳垂至地初如早梅酸晚作醲酪味誰能釀爲酒爲爾架前醉

滿斗不與人凉州幾時致

其六

室幽來客稀塵土積不掃鄰翁笑我拙敎我種蒸草經霜斫爲箒

不讓秋竹好始生如一毛張王忽侵道鉏耰禁芟斸愛惜待枯槁

有用皆勿輕吾師灌園老

其七

吾兒客關中果蓏施吾字兒雖未得還我豈如婦女呦呦感微物

瀉洄若零雨但愛果蓏莖屈曲上牆堵朝見緣牆頭莫已過牆去

物生隨年華還日何足數

其八

牽牛非佳花走蔓入荒榛開花荒榛上不見細蔓身誰翦薄素紗

浸之青藍盆水淺浸不盡下餘一寸銀嗟爾脆弱草豈能凌霜晨

物性有禀受安問秋與春

其九

十六葉

南園地性惡雙栢不得長蓬麻春始生今已滿一丈栢主嗟幾年失意自悽愴有子壓枝低已老非少壯尤栢栢已宛尤地亦恐妄兩旣無所尤高枝幾時放

其十

葵花開已闌結子壓枝重長條困風雨倒臥枕邛壟憶初始放花岌岌旌節聳徘時能幾時狼籍成荒冗浮根不任雪採斫收遺種未忍焚枯莖積疊牆角擁

和子瞻記夢二首

兄從南山來夢我南山下探懷出詩卷卷卷盈君把詩詞古人似

十七葉

弟則吾弟也相與千里隔安得千里馬攜手上南山不知今乃夜
晨鷄隔牆唱欹枕窗月亞百語記一詞秋菊悲蛩吒此語鮑謝流
平日我不暇我本無此詩嗟此誰所借
蟋蟀感秋氣夜吟抱菊根霜降菊叢折寸根安可存耿耿荒苗下
唧唧空自論不敢學蝴蝶菊盡兩翅翻蟲凍不絕口菊死不絕芬
志士豈棄友列（烈）女無兩婚

次韻子瞻題岐山周公廟

周人尚記有周公禾黍離離下有宮破豆烝豚非以報野巫長跪
若為通山園棟宇泉流近（廟後有德潤泉世亂則竭）鳳去梧桐落葉濛有客賦

詩題屋壁二南猶自有遺風

次韻子瞻題扶風道中天花寺小亭

客車來不息轍迹自成溝莫怪慵登寺猶疑賞舉頭獨遊知憶弟

望遠勝登樓處處題詩徧篇篇誰爲收

次韻子瞻南溪避世堂

桂杖行窮徑園堂尚有林飛禽不驚處萬竹正當心虎嘯風吹籟

霜多蟬病瘖獸驕從不避人到詎由今未暇終身住聊爲半日吟

青松可絕食黃葉不須衾偶到初迷路將還始覺深堂中有幽士

插髻尚餘簪

十八葉

和子瞻三遊南山九首

樓觀 次韻

神仙避世守關門一世沉埋百世尊舊宅居人無姓尹深山道士即為孫天寒遊客常逢雪日暮歸鴉自識村君欲留身記幽寂直將山外比羌渾

五郡 次韻

蜀人不信秦川好食蔗從梢未及甘當道沙塵類河北依山水竹似江南觀形隨阜飲溪鹿雲氣侵山食葉蠶猶有道人迎客笑白鬚黃紬豈非聃

傳經臺

輪扁不能令子巧老聃雖智若爲傳遺經尚在臺如故弟子今無似喜賢

大秦寺

大秦遥可說高處見秦川草木埋深谷牛羊散晚田山平堪種麥僧魯不求禪北望長安市高城遠似烟

仙遊潭五首

潭深不可涉潭小不通船路斷遊人止龍藏白沫旋翦藤量水短插石置橋堅橋外居民少躬耕不用錢

十九葉

石潭

澄潭下無底將渡又安能慣上横窔木輕生此寺僧曉魚聞考考

石塔見層層不到殊非惡他年記未曾 南寺

石南寺

君看潭北寺何用減潭南不到還能止重來獨未厭荒凉增客思

貧病覺僧懃飲水寒難忍誰言栢子廿 北寺

石北寺

扶風貴公子早歲伴山家吹笛墮秋葉讀書隨曉鴉業成心自級

學苦我長嗟石室非人住窮山雪似沙 馬融石室

召馬融石室

洞門蒼蘚合偪仄不容身傳有虛明處中藏窈窕人吹笙橋上月

拾翠洞南春往往來山下蕭然雨洒塵

右玉女洞

和子瞻調水符 子瞻令人取玉女洞水恐其見欺破竹爲契使寺僧藏其一以爲往來之信故云

多防出多欲欲少防自簡君看山中人老死竟誰謾渴飲吾井泉

飢食甑中饌何用費卒徒取水負瓢鑵置符未免欺反覆慮多變

授君無憂符階下泉可嚥

次韻子瞻招隱亭

隱居吾未暇何暇勸夫人試飲此亭酒自慙纓上塵林深開翠帝

岸斷峻巖闘逕雪村酤釅迎陽烏呀新竹風吹斷籟湖月轉車輪

霜葉飛投坐山梅重壓巾欲居常有待已失歎無因古語君看取

聲名本實賓

次韻子瞻凌虛臺

棄我謂我遠求我謂我還我一爾則二視此臺上山山高上干天

獨不照我顏無乃我自蔽誰謂山則慳遠望不見趾近視不得鬟

山實未始變任子自撑剛北風吹南崖山上秋葉斑道遠又寒苦

皴裂辭攀躋空卷朝雲照夜霜月彎強爾登此臺免爾超闤闠

扶風太守宅舊不見南山唯此臺上見之故云

次韻子瞻竹鼺

野食不穿囷谿飲不盜盎嗟鼺獨何罪膏血自爲罔陰陽造百物偏此愚不爽肥癡與瘦黠禀受不相髣王孫處深谷小若兒在襁超騰避彈射將中還復枉一朝受羈縶冠帶相賓饗愚死智亦擒臨食抵吾掌

次韻子瞻渼陂魚

渼陂霜落魚可掩枯茨破盤蒲折劍巨斧敲冰已塘知長叉刺浪那容閃鯨孫蛟子誰復惜朱鬣金鱗漫如染邂逅相遭已失律偶

廿二葉

然一掉猶思塹嗟君遊宦久羊炙有似遠行安野店得魚未熟口流涎豈有哀矜自欺借人生飽足百事已美味那令一朝欠少年勿笑貪匕筯老病行看費鍼砭羊生懸骨空自飢伯夷食菜有不贍清名驚世不益身何異飲醯徒酷釅

和子瞻讀道藏

道書世多有吾讀老與莊老莊已云多何況其駢傍所讀嗟甚少所得牛已強有言至無言既得旋自忘譬如飲醇酒已醉安用漿昔者惠子死莊子哭自傷微言不復知言之使誰聽哭已輙復笑不如斂此藏脂牛雜肥羜烹熟有不嘗安得西飛鴻送弟以與兄

次韻子瞻南溪微雪

南溪夜雪曉來霽有客晨遊酒未消風泛餘花來逐馬光浮斷澗不知橋山寒凍合行人息醉熟賓歡舞意囂歸騎相將踏瑤玉嗅林閑認早梅條

和子瞻司竹監燒葦園因獵園下

駿馬七尺行馮馮嶢出射獸霜爲冰荻園斫盡有枯榜束茅吹火初如燈乍分乍合勢開展蒼烟被野風騰騰黃狐驚顧嘯儔侶飛烏先起如蒼蠅須臾立旆布行伍有似脩蟒橫岡陵蒼鷹猛獸出前後鈇處巳挂黃麻響回風忽作火力怒平地一卷無疆勝商辛

不出抱竇死曹瞞逸去燋其肱投身謑喜脫灰燼闖首旋已遭侵
淩何人上馬氣吞虎狐帽壓耳皮蒙膺開弓徐射疊雙兎擁馬驩
呌驚未曾舉鞭一麾百夫進擊鼓再發箭舉棚去如飛蝱中如雹
獲若雨獸膏流滬肉分麾下飽壯士皮與公子罽緣繒縱橫分裂
惠村塢尚有磊落載後乘吾兄善射久無敵是日斂手稱不能憑
鞍縱馬聊自適酒後醉語誰能膺健兒擊搏信可樂主將雄猛今
誰勝胸中森列萬貔虎嗟世但以文儒稱安得强弓傳長箭使射
蔽日垂天鵬

木山引水二首

引水穿牆接竹梢谷藏峯底大容瓢將流旋滴廬山瀑已盡還來
海上潮亂點落池鶩睡覺半山含潤沃心焦瓦盆一斛何勝滿溢
去猶能浸菊苗
簷下枯槎拂莢梢山川迤邐費公瓢幽泉細細流巖鼻盆水瀰瀰
漲海潮但愛堅如湖上石誰憐收自竈中焦蒼崖寒溜須佳蔭少
冬〻青青石甃苗

興州新開古東池

山遶興州萬疊青池開近郭百泉并昔年種柳人安在累歲開花
藕自生波暖跳魚聞樂喜人來野鴨望船鳴西還過此須終日爲

問使君行未行

子瞻喜雨亭北隋仁壽宮中怪石

仁壽宮中穭穀生太湖蒼石草間橫興衰換世身猶在南北從人事已輕累石作臺秋蘚上鑿汧通水細渠清三年此亦非公有空使他年記姓名

用林姪韻賦雪

容雪來何晚窮冬候欲差投空落細米布地淨平沙繚繞飛相著重仍積瘖加雨微花破碎風細腳傾斜次第來如摻冥濛墮不譁㷀鵝吹勁鞴秀葦拂輕枷畫字飄還沒團毬暖旋窊出鹽東海若

鍊石古皇媧翻簸騰歸騎紛飄集晚鵶庭梅辨紅蕚隴麥覆黃芽撥砌求新藥篝蹤射伏麛埋樓平盡脊集樹短噩槎亂下會何擇平鋪欲盡遮欺貧寒入褐惱客重添車積素聊成燭烹甘強試茶病僧添曉鉢老令放晨衙融液會何有鮮明竟不奢積多還避井化早發從畚溜滴簷垂簪行觀逕轉蚍誰能相就醉都市酒容賒

送張唐英監閬州稅

閬中雖近蜀監稅本閑官豈足淹賢俊聊應長羽翰讀書心健否答策意何闌未可厭畋獵田中有走貆

送張師道楊壽祺二同年

故國多賢俊登科並弟兄重來舊游處兩見近題名冉冉須堪把
駸駸歲可驚孤轅已南向疋馬復西征入峽猿應苦還荆鴈已鳴
喜從元帥幕官職漸崢嶸

送家定國同年赴永康掾

清慎岷山掾登科已七年迎親就魚稻爲吏擇林泉去騎關中熱
歸心沐水鮮官閑幸可樂記買鷓鴣煎永康多鷓鴣

送霸州司理翟曼

大梁能賦客邊郡繫囚曹官職不相稱聲名終自高試觀爲吏苦
應過讀書勞努力事初宦尺絲無厭繅

送道士楊見素南遊

黃河春漲入隋溝往意隨波日夜流萬里尋山如野鶴一身浮水似輕鷗湖風送客那論驛嶽寺留人暗度秋遲子北歸來見我攜琴委曲記深幽

利路提刑亡伯郎中挽詞二首

好學先鄉黨登科復妙年誰爲耆舊傳最處縉紳先淪謝今亡矣風流孰繼焉魂歸食里社世世仰仁賢

其二

晚歲官仍困終身恥自言廉明漢循吏仁愛鄭公孫赤縣朝稱理

廿七葉

衡山德共尊遺人應覽市處處有遺恩

伯母同安縣君楊氏挽詞

德盛諸楊族賢宜伯父家閒美職蘋藻飫毋事桑麻大邑移封近

陰堂去日餘空餘鏡奩在時出舊笄珈

蘇文定公文集卷第二

欒城集卷之二終

一葉

欒城集卷之三

宋西蜀蘇轍子由著　　明東吳王執禮子敬　顧天敘禮初仝校

蘇文定公文集卷第三

詩七十五首

北京送孫曼叔屯田權三司開坼司

人生不願才才士困奔走君爲大農屬求暇更能否自我遊魏博相識恨未久誰言但傾蓋信有勝白首清晨坐風觀落日語涼牖棊精動如律弓健不論斗旁觀我不能聒語君見愛秋風起沙漠凄雨濕征袖送行欲汲汲富貴恐君後將去聊遲遲已遠悲朋友

和强至太博小飲

誰能飲酒如傾水，醉倒坐中扶不起。形骸外物已如遺，升斗任君無復避。霜梨冰脆寒侵齒，未盡一杯先已醉。强將文字笑紅裙，冷淡爲歡何足貴。

和强君瓦亭

君爲魏博三年客，日有江湖萬里心。蹔得野亭留馬足，强循疏柳步堤陰。無人攜手共吳語，得意搖頭時越吟。何日東郊過微雨，笠騎鞍馬去同尋。

中秋夜八絶得月明星稀烏鵲南飛

每首提行

三葉

長空開積雨淸夜流明月看盡上樓人油然就西沒誰遣常時月偏從此夜明暗添珠百倍潛感兎多生欲見初容獨將升尚有星漸高圓漸小雲外轉亭亭明入庭陰白寒侵酒氣微夜深看更好樓上漸人稀浮光看不定重露試還無影翻狂舞客明誤已棲烏巧轉上人衣徐行度樓角河漢冷無雲冥冥獨飛鵲猿狖號枯木魚龍泣夜潭行人已天北思婦隔江南看久須扶立行貪遂失歸誰能終不睡爛醉羽觴飛

次韻王君貺尚書會六同年

有美佳賓賢主人布衣曾共脫京塵歡來未覺歲華晚醉後能令

秋氣春發譽早同初宦日收功終藉老成身他年此會應圖畫傳入誰家屏障新

王公生日

純陰十月晚勁氣肅羣驕惟有喬松在長看積雪消生賢真性特立冠當朝早歲初成賦羣雄已失標治才精破竹廷論壯生飈博士皆推轂宣皇重試蕭周旋窮政體出入解心焦九列高稱冠三台豈足超論功歸頴覇舉相待虞姚驥騁經新臥弓強發久弨百年時節在四海衆心翹當見飛中使齎金賜此朝三府生日例賜金帛

次韻姚孝孫判官見還岐梁唱和詩集

伯氏文章豈敢知岐梁偶有往還詩自憐兄力能兼弟誰肯塤篪
不聽處西號春游池百頃南溪秋入竹千枝恨君會是關中吏屬
和追陪失此時

次韻王臨太博馬上

冬晚霜露重城邊鼓馬勞徒知事奔走曾未補毫毛水旱嗟頻處
瘡痍費抑搔豈歸何暇食推披簿書高

次韻王君北都偶成三首

河轉金堤近天高魏闕新千夫奉儒將百獸伏麒麟校獵沙場草
談兵玉帳春關南知不遠誰試問蕃隣

其二

天寶亂已定河壖兵更多故城埋白骨遺俗喜長戈臥獸常思肉奔鯨不受羅縱横竟安在唯見冡嵯峨

其三

禁籞封金殿清河貫石門時平餘古木兵散有空屯形勝山圍闊蕃宣海內尊川原不論頃雲夢可勝吞

次韻沈立少卿白鹿

白鹿何年養驚猜未肯馴軒除非本性飲食強依人照影氷浮水飛毛雪灑塵獨游應已倦忽見乍疑神野色明幽步烟蕪薦臥身

五葉

異姿人共愛清意爾誰親日暖山苗就風微澗草春何緣解轉螢

奔放任天真

送陽安朝都官出城馬上

城中二月不知春唯有東風滿面塵歸意已隨行客去流年驚見

柳條新彈書墳委休何日學問榛蕪愧古人一頃稻田三畝仍故

圓何意不收身

登上水關

湛水溶溶入禁城城樓中斷過深清空郊南數牛羊下落日迴瞻

觀闕明歲月遲人行老大江湖發興感平生畫舩早晚龍新屋慰

意來看水面平

寒食贈遊壓沙諸君

城南壓沙古河淤沙上種梨千萬株隆冬十月我獨往風吹葉盡枝條踈老僧屈指數春候却後百日花當蘇微風細雨膏潤足枝頭萬萬排明珠齊開競發不知數照曜冰雪明村墟此時官閑得遊賞長堤平穩宜驂駒寺門古木芽葉動倉庚布穀相和呼及時行樂不可緩歲長春短花須臾僧言我意兩相值欲往屢巳脂吾車今朝寒食烟火斷薄雲蔽日風沙除此花久巳待我至况有朋友相攜扶來邀反覆不能往豈獨負君花巳辜諸君高適足才思

佐酒況得萬玉奴坐中未醉慎無起倒戴當使山公如

明日安厚卿強幾聖復召飲醉次前韻

芳樽酌水清無淤梨園著雪迷根株鄰官士女喜行樂坐上醉客譙親疎倦遊不知歲月過痛飲漸覺筋骸蘇風吹落片亂鴛甃雨結細實駢明珠雲屯冰積動論頃誰信城郭涵村墟坐觀明媚低照席行看繁鬧横遮驅我貧不辦供酒炙側耳日聽交朋呼無端人事巧拘束會不見留閑須臾長鯨渴水求入海老驥伏櫪思就車清明未過春未老寒食豈必節與除二君爲我重置酒席上醉倒交相扶歡娛要用苦酬酢叫嘯不畏相罪辜昏然已覺萬物小

下視吏役眞婢奴請君數具牛酒費此外百事何能如

次韻柳子玉郎中見寄

新年始是識君初顧我塵埃正滿裾談辯未容朝夕聽情親空愧往還書久聞筆陣無前敵更擬詩壇託後車待得入城應少暇相從有約定何如

秀州僧本瑩淨照堂

有僧訪我攜詩卷自說初成淨照堂求得篇章書壁素不論塵土漬衣黃故山別後成新歲歸夢春來遶舊房看取盈編定何益客來無語但循牆

京師送王顧殿丞

憶遊長安城，皆飲毋卿宅。身雖坐上賓，心是道路客。笑言安能久，車馬就奔迫。城南南山近，勝絶聞自昔。徘徊竟莫往，指點煩鞭策。道傍古龍池，深透河渭澤。山行吾不能，愧此纔咫尺。壯哉誰開鑿，千頃如一席。參差山麓近，滉蕩波光射。君時在池上，俗事厭紛劇。望門不敢叩，恐笑塵土跡。自從旅京城，所向愈無適。君來曾未幾，已復向南國。扁舟出淮汴，唯見江海碧。野入處城市，長願有羽翮。脫身相從遊，未果聊自責。

石蒼舒醉墨堂

九葉

石君得書法弄筆歲月久經營妙在心舒卷功隨手惟玆逸羣氣
扶鬬須斗酒作堂名醉墨揮灑動牆牖安得濁酒池淋漓看濡首
但取繼張君莫顧顛名醜

遊淨因院寄璉禪師

歲月潛消日裏冰依然來見佛堂燈此身已自非前我問法何妨
似舊僧灑面飛泉時點點壓池蒼石尙層層遙知近愛金山好江
水煎茶日幾升

送柳子玉

柳侯白首郎風格終近古舊游日零落新輩誰與伍人情逐時好

十葉

變化無定主試看近時人相敎蹈規矩行身劇孔孟稱道皆舜禹
但求免譏評豈顧愁肺腑坐令不羈士舉足遭網罟緬懷我生初
遺俗尚目睹中庸雖已亡比近則猶愈老成慎趨好後生守淳魯
豈效相謾欺衒牛沽馬脯過惡酒色間可罪非可惡譬如嵇與阮
心迹豈深蠹京師逢柳侯往事能歷數歎息子美賢相與實舊故
至今存篇章醉墨龍蛇舞斯人今苟在亦恐終囚虜惜哉時論險
安置失處所一麾寄河壖垂老幸有土世俗安足論且盡杯中醑

送蘇公佐修撰知梓州

乘軺舊西蜀出鎮復東川父老知遺愛壺漿定滿前江山昔年路

旄節異邦權望重朝中舊疆分劍外天歲登無猛政蠻服罷防邊去國身雖攣憂時論獨堅孤誠抱松直彙進比茅連我亦相從逝疎狂且白全

送任師中通判黃州

一别都門今五年劇談精壯故依然厭居巴蜀千山底决住荆河十頃田老去功名無意取身閑詩筆更能專黃州無事聊須飲世俗方今自足賢

南窗

京師三日雪雪盡泥方深閉門謝還往不聞車馬音西齋書帙亂

十一葉

南窗初日升展轉守床榻欲起復不能開戶失瓊玉滿堦松竹陰

客從遠方來疑我何苦心疎拙自當爾有酒聊共斟

次韻楊褒直講攬鏡

鬚髮年來日向衰相寬不用強裁詩壯心付與東流去霜蟹何妨

左手持花發黃鸝巧言語池開楊柳鬬腰肢勸君行樂還聽否郎

是南風苦熱時

送錢婺州純老

桃花汴水半河流已作南行第一舟倦報朝中言嘖亂喜聞淮上

擣咿呦平時答策詞無枉此去爲邦學更優自古東陽足賢守請

十二葉

君重賦沈公樓

次韻柳子玉見贈

壯心衰盡愧當年刻意爲文日幾千老去讀書聊度歲春來多睡苦便氊夢歸似鴈長飛去才短如蠶只自纏唯有聞詩尙思和可能時寄最高篇

次韻任遵聖見寄

故國老成誰復先壯心空記語當年灌夫失意貧無友梅福辭官晚作仙詩句淸新非世俗退居安穩卜江天它年我亦從君隱多買黃魚煮復煎

次韻劉貢甫學士畫松石圖歌

長松大石生長見塲遊塵土嗟空羨寒翠鬭心失舊交榮華過眼
驚流電破繒買得古畫圖遺墨參差隨斷線蟉枝倒掛風自舞直
榦孤生看面面故山舊物遠莫致愛此隨人共流轉物生眞僞竟
何有適意一時寧復辨少年所好老成癖傍人指笑嗟矜衒京城
宅舍松石希買費百金猶恐賤

送頓起及第還蔡州

詔書京輔起沈淪歲貢仍居第一人不愧得官名暫屈自誇對策
語深淳讀書飽足終無厭從官奔馳自此新我去淮陽今不久鄰

邦時得問音塵

初到陳州二首

謀拙身無向歸田久未成來陳爲懶計傳道愧虛名俎豆終難合詩書強欲明斯文吾已試深恐誤諸生

其二

久愛閑居樂兹行恐遂不上官容祿祿飽食更悠悠枕畔書成癖湖邊柳散愁疎慵愧韓子文字化潮州

柳湖感物

柳湖萬柳作雲屯種時亂插不須根根如臥虯身合抱仰視不見

十四葉

蜩蟬喧開花三月亂飛雪過牆度水無復還窮高極遠風力盡蕪墜泥土顏色昏偶然直墮湖中水化爲浮萍輕且繁隨波上下去無定物性不改天使然南山老松長百尺根入石底蛟龍蟠秋深葉上露如雨傾流入土明珠圓乘春發生葉短短根大如指長而堅神農嘗藥最上品氣力直壓鐘乳溫物生稟受久已異世俗何始分愚賢嘗見野人言柳花入水爲浮萍松上露墮地爲仙茅陰乾服之益人古方云十斤鐘乳不如一斤仙茅

柳湖久無水悵然成詠

平湖水盡起黃埃惟有長堤萬萬栽病鶴擢頹沙上舞遊人寂寞岸邊回秋風草木初搖落日暮樵蘇自往來更試明年春絮起共

十五葉

看飛雪亂成堆

次韻孫戶曹朴柳湖

疎慵非敢獨違時野性顛狂不受羈猶有曲湖容笑傲誰言與物苦參差水乾生草會非惡鶴舞因風忽自怡最愛柳陰遲日暖幅巾輕屨肯相隨

贈李簡夫司封

平生談笑接諸公歸老身心著苦空往事少能陪晤語新詩時喜挹清風形骸摩詰羸偏健筆札西臺晚更工笑我壯年常苦病異時何以作衰翁

不計年年坐上要須長滿客杖頭何用出墻錢未嫌語笑妨清靜閑

十五年來一味閑近來推病更安眠鶴形自瘦非關老僧定端居

次韻李簡夫因病不出

墻間大瓠壘老已成無不可談笑得徘徊

遂草侵芒屩隨花隱石臺小亭幽事足野色向人來坐上烏皮几

題李簡夫葆光亭

桐疎不庇鶴遊觀須作意霜雪僅留枝

秋色豈相負小園仍有花遶欄吟落日拾徑得殘葩菊細初藏蝶

次韻李簡夫秋園

十六葉

暇陪公几杖前

張安道尚書生日

出入三朝望愈尊淮陽退臥避喧煩崇高歷徧知皆妄風俗頻遷氣獨存世事直須勞舊德歸心那復厭名藩赤松作伴功雖切白髮憂時義所敦仁比高山年自倍秋逢生日喜盈門知公知命身無禱聊爲生靈舉壽樽

送劉道原學士歸南康

大川傾流萬物俱根旋脚脫爭奔徂流萍斷梗誰復數長林巨石曾須臾軒昂顛倒唯恐後嗟予何獨強根株三年一語未嘗屈擬

十七葉

學文舉鶩當塗心知勢力非汝敵獨恐清議無遺餘扁舟歲晚告
歸覲家膳欲及羞蓴鱸隱居高節世所尚掛冠早歲還州閭紛紜
世事不著耳得失豈復分錙銖投身固已陷泥滓獨立未免遭霑
濡君歸左右識高趣牛毛細數分賢愚

題滑州畫舫齋贈李公擇學士

廳戶重重向日明舫居氣味此中生汀洲出沒叢花短波浪澄虛
兩岸平窻逐南來身未穩安閑感物意猶驚前賢事迹君今似不
愧當年畫舫名 歐陽公南遷佐是邦而爲此齋公擇之謫亦從南來故云

送王恪郎中知襄州

魏公德業冠當年汝守威名竦漢邊將相傳家俱未遠子孫到處
各推賢風流最喜君眞似符竹連分政得專峴首重尋碑墮淚習
池還指客橫鞭逃亡已覺依劉表寒俊應須禮浩然當有郡人知
古意欄街齊唱接籬篇

和張安道讀杜集用其韻

我公才不世晩歲道尤高與物都無著看書未覺勞微言精老易
奇韻喜莊騷杜叟詩篇在唐人氣力豪近時無沈宋前輩蔑劉曹
天驥精神穩層臺結構牢龍騰非有迹鯨轉自生濤浩蕩來何極
雍容去若遨壇高眞命將毳亂始知髦白也空無敵微之豈少褒

論文開錦繡賦命委蓬蒿初試中書日旋聞鄜畤逃妻孥隔豺虎
闗輔暗旌旄入蜀營三徑浮江寄一艘投人慙下舍愛酒類東臯
漂泊終浮梗迂疎獨釣鼇謀身空有賦拚脛惜無袍卷軸今何益
零丁昔未遭相如元並世惠子謾臨濠得失將誰怨憑公付濁醪

送張公安道南都留臺

識公歲已深從公非一日仰公如重雲庇我貧賤迹公歸無留意
我處念平昔少年喜文字東行始觀國成都多遊士投謁容如櫛
紛然衆人中顧我好顔色猖狂感一遇邂逅登仕籍爾來十六年
鬢髮就衰白謀身日已謬處世復何益從來學俎豆漸老信典冊

十九葉

自知百不堪偶未三見黜譬如溝中斷誰復強收拾高懷絕塵土
舊好等金石庠齋幸無事樽俎奉清適居然遠憂患況復取矜式
汪洋際海深淡泊朱弦直徇時非所安歸去亦何失道存尚可卷
功成古難必還尋赤松子獨就丹砂術恨無二頃田伴公老蓬蓽

傅欽之學士濟源草堂

聞有高居直百金西山南麓北山陰園通濟水池塘好花近洛川
顏色深入去節旄分重鎮客來猿鶴感幽吟漠溪雨過西湖漲歸
興蕭然定不任欽之時在許州

文與可學士墨君堂

次韻柳子玉謫官壽春舟過宛邱見寄二首

聽君嗟泚舊恩

誰復論白馬何人趣遠日書丹勞盈東更無言異時歸去逢遺老空

擁節西南來一年淒涼道路泣東懷蜀都富樂眞當惜民事艱難

故成都尹陸介夫挽詞

與此終何辨

根莖雜土石枝葉互長短依依謠下綠冉冉風中展開門視叢薄

孅娟不長見中堂開素壁蕭颯起霜餘隨宜賦生意落筆皆感惜

虛堂竹叢間那復厭竹遶風庭響交戛月牖散髮亂尚逃晝猶關

二十葉

局冷曾非簿領迷，幽居渾似未官時。忽聞客至驚還喜，出見泥深
笑不知。謀拙未能憂歲計，身閑聊可飽晨炊。行舟借問何忽草，淮
口無潮月正虧。
獻酬不用辭升斗，曲直何勞問尺尋。要路風波無限惡，謫居情味
最能深。交從錦水初無間，鄰卜共山已有心。草聖詩豪並神速，數
因南鴈惠佳音。

次韻子瞻潁州留别二首

託身遊宦鄉，終老羡箕潁。隱居亦何樂，親愛形隨影。念兄適吳越，
霜降水初冷。翩然事舟楫，棄此室廬靜。平明知當發，中夜抱虛警。

西湖草木公所種仁人實使甘棠重歸來築室傍湖東勝遊還與

陪歐陽少師永叔燕潁州西湖

不受外物攻不見田野人四壁編茅蓬有食輒自樂誰知富家翁
西成百物賤那儉慰貧窮胡為復相念未肯安南東人生免飢寒
陂埭何重重紫蟹三十筐白鳧五尺童赤鯉寒在汕紅粳滿霜風
放舟清淮上蕩滌洗心胸所遇日轉勝恨我不得同江淮忽中斷

其二

劇飲終難醒不如早自忘閑日庶猶永世事非所憂多憂亦誰言
永懷江上宅歸計失不猛人生猶所役有若魚墮井遠行豈易還

邦人共公年未老髮先衰對酒清歡似昔時功成業就了無事令

名付與他人知平生著書今絕筆閉門燕居未嘗出忽來湖上尋

舊遊坐令湖水生顏色酒行樂作遊人多爭觀竊語誰能呵十年

思潁今在潁不飲耐此遊人何

歐陽公所蓄石屏

石中枯木雙扶疎粲然脈理通肌膚剖開左右兩相屬細看不見

毫髮殊老楞剝落但存骨病松憔悴空留鬚邛陵迤邐山麓近雲

烟澹靄風雨餘我驚造物巧如此刻畫瑣細供人須公家此類尚

非一客至不識空嗟吁案頭紫雲抱明月床上寒木翻飢烏畫形

廿三葉

簡易神自足鄙棄筆墨嗤勤劬天工此意與人競雜出變怪驚羣愚世間淺拙無與敵比擬賴有公新書月石硯屏及石上寒林樓烏皆公詩所賦

次韻子瞻初出潁口見淮山

清淮此日見滄浪始覺南來道路長騘轉山光時隱見船知水力故軒昂白魚受釣收寒玉赤稻堆場列遠岡波浪連天東近海乘桴直恐漸茫茫

次韻子瞻壽州城東龍潭

東行取次闞三州擊鼓清晨復解舟車騎紛紜追過客歌中淒咽動潛虬宦遊底處非巢燕歸計何嫌詣沐猴賴有故人憐遠適慇

憖屢勸酒行周

和子瞻渦口遇風

長淮暮生風來自渦河口新舟雖云固波浪亦難受詩來話艱厄驚恐及見婦憶同泝荆峽終夜愁石首餘颷入幃幄跳沫濺窗牖平生未省見驚顧欲狂走爾來涉憂患漸覺成老醜遥喜波浪中時能飲醇酒

和子瞻濠州七絶

塗山

娶婦山中不肯留會朝山下萬諸侯古人辛苦今誰信只見清淮

入流海

彭祖廟

長說先師似老彭共疑好學古書生不知亦解飡雲母白日登天萬事輕山有雲母云彭祖所採服

逍遙堂莊周墓上祠堂也

猖狂戰國古神仙曳尾泥塗老更安厭世乘雲人不見空墳聊復葬衣冠

觀魚臺

莊子談空惠子聽郢人斤斧巉忘形莫嗟質喪無知者對石何妨

自說經

虞姬墓

布叛增亡國已空擢殘羽翮自令窮艱難獨與虞姬共誰使西來敵沛公

四望亭 大和中郡守劉嗣之立李紳爲之記今亭廢矣

唐史不聞劉嗣之空傳短李舊歌詩高亭毀盡唯存記猶有區區父老知

浮山洞 洞在淮上夏潦不能及而冬不加高故人疑其浮也

洞府元依水面開秋潮每到洞門回幽人燕坐門前石長看長淮

船去來

和子瞻泗州僧伽塔

清淮濁汴爭強雄龜山下鬬支祁宮高秋水來無遠近蕩滅洲渚乘城墉千艘銜尾誰復惜萬人雨泣哀將窮城中古塔高百尺下有蛻骨黃金容蛟龍百怪不敢近迴風倒浪歸無蹤越商胡賈豈知道脫身獻寶酬元功至人已立萬物表刦火僅置毛孔中區區淮汴亦何有一挹可注滄溟東胡爲尙與水族較時出變怪驚愚聾於乎此意不可詰仰覷飛栱淩晴空

次韻子瞻發洪澤遇大風却還宿

廿六葉

昨夜宿鴻澤，再來遂如歸。卻行雖云拙，乘險諒亦非。誰言淮陰近，阻此駭浪飛。長風徑千里，蛟蜃相因依。眇然特一葉，此勢安可違。冒涉彼何人，勇決生慮微。欲速有不達，魚腹豈足肥。風帆倘可轉，野廟誰能祈。但當擁衾睡，慎閉聰與扉。夜聞聲尚惡，起視聊披衣。

次韻子瞻記十月十六日所見

君不見天高后土黃，變化出入唯陰陽。旋凝細霧作飛雹，復遣震雷追日光。可憐萬物甚微細，坐聽百變隨顛僵。深根固蔕無計遯，倏來忽返安能防。平生未見實驚耳，稍遠不知如隔牆。君看歌舞醉華屋，下有纍縶排兩廊。眼前苦樂尚懸絕，空中造化知有亡。我

殘宋本止此

居宛邱厭凝沍雪翻海水填陂塘但知膏澤利牟麥恣食麪餌眞

嘉祥山陽所記亦何事有酒胡不盡一觴

蘇文定公文集卷第三

以上三卷為同年鄧孝先所藏　壬子十月記

欒城集卷三終

欒城先生文集卷第四

（宋）眉山蘇轍子由著　（明）東吳王執禮子敬　顧天敘禮初　仝校

詩七十四首

次韻子瞻廣陵會三同舍各以其字爲韻

劉貢甫

貢甫少多才，交遊一何衆。談詞坐傾倒，玉麈日揮弄。遨遊不爲虐，巧捷有微中。羣情忌超邁，微過出嘲諷。南遷時已久，未見肯力貢。舌在終自奇，髀滿安足痛。人生百年内，僅比一朝夢。駸駸就消凋

斗水傾漏甕江淮未可嫌遲晚聊自送試觀終日閑何似兩耳閧

孫巨源

巨源學從橫世事夙討論著書十萬字辯如白波翻諫垣適多事憂心生病根立談信無補閉口出國門棄置臥江海閔嘿寧復言朝行共長歎逐客繼二孫（謂莘老巨源）南方固鄉黨謫官侶鶴猿風俗未寧靜朋黨爭排根引去良自得濁清在澄源往者未可招冠蓋方駿奔

劉莘老

莘老奮徒步首與觀國賓儼然自約束被服數與紳黽勉丞相府

接迹輿臺臣顧嫌任安躁未忍裂坐茵推置冠獬豸謂言我比鄰

三晉固多士骯髒存斯人寘責不敢辭狂言見天眞南方異風俗

強食魚尾莘應同賈太傅抱屈恥自陳猶有痛哭書受釐定何辰

和于贍金山

長江欲盡闊無邊金山當中唯一石潮平風靜日浮海縹緲樓臺

轉金碧瓜洲初見石頭城城下波濤與海平中流轉櫓疑無岸泊

舟未定僧先迎山中岑寂恐未足復將江水遶山麓四無鄰家羣

動息鐘聲鏗鍠答山谷烏鳶力薄墮中路惟有胡鷹石上宿誰知

江海多行舟遊人上下奪巖幽老僧心定身不定送往迎來何時

竟朝遊未厭夜未歸愛山如此如公稀不待遊人盡歸去恐公未識山中趣

和子瞻焦山

金山遊遍入焦山舟輕帆急須臾間涉江已遠風浪闊遊人到此皆爭還山頭冉冉萬竿竹樓閣不見門長關金山共此一江水只有勝絕無此閑野僧終日飽一飯與世相視如髦蠻門無舟楫斷還往說法教化黿鼉頑偶然客至話鄉國西望落日低銅鐶岷峨正在日入處想象積雪堆青鬟稻田一頃良自給仕宦不返知誰扳久安祿廩農事廢強弓一弛無由彎行逢佳處輒歎息想見茅

屋藏榛菅我知此地便堪隱稻苗旆旆魚斑斑焦山長老蜀僧也

次韻子瞻遊甘露寺

去國日已遠涉江歲將闌東南富山水跬步留清歡遷延廢行邁忽忘身在官清晨涉甘露乘高棄征鞍超然脫闤闠身雲撫朱欄下視萬物微惟覺滄海寬潮來聲洶洶望極空漫漫一一渡海船冉冉移橋竿水怪時出沒羣嬉類猨𤣿幽陰自生火青熒復誰鑽石頭古天險憑恃分權瞞疑城曜遠目來騎驚新觀聚散定王業成毀猶月團金山百圍石岌岌隨濤瀾猶疑漢宫廷屹立承露盤狂波恣吞噬萬古嗟獨完凝眸厭滉漾遶屋行盤跚此寺歷今古

遺迹皆龍鸞孔明所坐石牂牁非人刋經霜衆草短積雨青苔寒

蕭翁嗜佛法大福將力干坡陁故鑊在甲錯蒼龍蟠衛公秉節制

佛骨埋金棺長松看百尺畫像留三歎新詩語何麗傳讀紙遂刓

嗟我本漁釣江湖心所安方爲籠中閉仰羡天際摶遊觀惜不與

賦詠嗟獨難俸祿藉升斗虀鹽嗜醎酸何時扁舟去不俟官長彈

李簡夫挽詞二首

老成渾欲盡吊客一潸然遺事人人記清詩句句傳掛冠疎傳早

樂世白公賢歎息風流在埋文得細鐫

其二

歸隱淮陽市遨遊十六年養生能淡泊愛客故留連傾蓋知心晚論詩臥病前葆光塵滿榻無復聽談禪

次韻子瞻初到杭州見寄二絶

吏治區區豈不任吳中已自富才能還應占位書名姓學取藍田崔縣丞

試盡風波萬里身到官山水却宜人君知晏子恩仍厚還與從來舊卜鄰

和柳子玉地爐

鑿地泥床不費功山深炭賤火長紅擁衾熟睡朝衙後抱膝微吟

莫雪中寵辱兩忘輕世味冰霜不到傲天工遥知麻步無人客寒
夜清樽誰與同

和柳子玉紙帳

夫子清貧不耐冬書齋還費紙重重牎明曉日從敎入帳厚霜飈
定不容京兆牛衣聊可藉公孫布被旋須縫吳綾蜀錦非嫌汝簡
淡爲生要易供

次韻子瞻遊孤山訪惠懃惠思

鳥依山魚依湖但有所有無所無輕舟沿泝窮遠近肩輿上下更
傳呼翩然獨往不携挈兼擅魚鳥兩所娛困依巖石坐巉絶行牽

宋本誤作李

工误　歲误

翠蔓隨纏紆道逢虺思訪其廬誦詩清切秋蟬孤隱居羞踏陌上
土何人起受輪下蒲水南巷中羅百夫雞鳴朝謁至日晡人生變
化安可料憐汝久道路無圖鳧鷺不足鶴有餘一俯一仰戚與蘧
嗟我久欲從逃逋方圓不敢左右摹

宛丘二詠 并引

宛丘城西柳湖累歲無水開元寺殿下山茶一株枝葉甚茂亦
數年不開轍頃從子瞻遊此每以二物爲恨去秋雨雪相仍湖
中春水忽生數尺至二月中山茶復開千餘朵因作二詩奉寄

早湖堤上柳空多倚岸輕舟奈汝何秋雨連渠漆積潤春風吹凍

忽生波蟲魚便爾來無數鳧雁猶疑未肯過持詫錢塘應笑我坳中浮芥兩幺麽

古殿山花叢百圍故園曾見色依依凌寒強比松筠秀吐豔空驚歲月非冰雪紛紜真性在根株老大衆園希山中草木誰攜種潦倒塵埃不復歸

贈提刑賈司門青

前年乘舟護南河宛丘官舍酣且歌去年持節憂犴獄驅車道路日不足今年春風塵土黃遠赴三州議繇役天子憂民法令新整齊百事無閑人苗耘髮櫛何時已回首昔遊如夢寐區區學舍曾

宜誤

未知春曉日長唯有睡才智有餘安得閑疎慵顧我自當然喜君

未忘太平事獨稱赦書旌孝子項城有孝子負土成墳賈移文陳州請用赦書存䘏之

同陳述古舍人觀芍藥

藹藹堂西十畝園曉涼迎步綠陰繁共驚春去已多日爭看花開

最後番未許狂風催爛熳故將青屋强安存請公作意勸歡賞趂

取殘紅照酒樽

次韻子瞻見寄

我將西歸老故丘長江欲濟無行舟宦游已如馬受鞭衰病擬學

龜藏頭三年學舍百不與糜費廪粟常慙羞矯時自信力不足從

政敢謂學已優閉門却掃誰與語晝夢時作鈞天遊自從四方多
法律深山更深逃無術衆人奔走我獨閑何異端居割蜂蜜懷安
已久心自知彈劾未至理先屈餘杭軍府百事勞經年未見持干
旄賈生作傳無封事屈平憂世多離騷煩刑弊法非公恥怒馬奔
車忌鞭箠藐藐何自聽諄諄諤諤未必賢唯唯求田問舍古所非
荒畦弊宅今餘幾出從王事當有程去須膾肉嫌無名掃除百憂
唯有酒未退聊取身心輕

趙少師自南都訪歐陽少師於潁州留西湖久之作詩獻歐
陽公

公居潁水上德與潁水清身閑道轉勝內足無復營平昔嘗交遊
開門坐常盈退居萬事樂獨恨無友生汝潁亦多士後來非老成
趙公平生舊情好均弟兄少年結意氣晚歲齊功名攜手踐廊廟
躡足辭鈞衡徜徉里閭間脫略世俗縈興來忽命駕一往千里輕
白髮儼相映元勲各崢嶸人生會面難此會有餘情遨遊西湖中
仲夏草木榮壺觴列四坐歌舞羅前楹畫舫極泝沿肩輿竝逢迎
棹進鳧鴨亂樂作蟲魚驚近寺駢履迹高臺吹笑聲往事語京洛
餘歡發吟賡拳拳主人厚欵欵來客誠此樂有時盡此好何由傾

次韻子瞻望湖樓上五絶

欲看西湖兩岸山臥乘湖上木蘭船湖山已自隨船改更值陰晴欲雨天

眼看西湖不暫來簿書無筭撥還開三年屈指渾將盡記取從今得幾回

湖山欲買恨無錢且盡芳樽對玉盤菱角雞頭應已厭蟹螯馬頰更勤湌

終日清漪弄短橈久忘車乘走翹翹秋風且食鱸魚美洛下諸生未可招

滯留朝市常嫌鬧放棄江湖也未閑孤舫粗窮千頃浪肩輿未盡

百重山

和柳子玉共城新開御河過所居牆下

卜築共山功欲成新河入縣巧相縈誰將畚鍤千夫力添上園林一倍清生長魚鰕供晚饌浮沉鳧鴨放春聲鄰翁有意非今日可我餘波伴濯纓

歐陽太師挽詞三首

雄文元命世直氣早成風受任艱危後安邦反側中迴天深有力扈聖恥言功事已身隨去鶴嗟柱石空

其二

唐弊文初喪書成法至今雍容趨聖處深切可人心氣力知難繼風流喜不淫懸知公欲謝異說勇交侵

其三

推轂誠多士登龍盛一時西門行有慟東閣見無期念昔先君子嘗蒙國士知舊恩終未報感歎不勝悲

賦黄鶴樓贈李公擇公擇時知鄂州

前年見君河之浦東風吹河沙如霧北潭楊柳强知春樽酒相攜終日語君家東南風氣清謫官河壖不稱情一麾夏口亦何有高樓黄鶴慰平生荆江泥庭春浪起漢沔初來入江水岸頭南北不

相知惟見風濤湧天地巫峽瀟湘萬里船中流鼓楫四茫然高城

桃山望如帶華榱照日光流淵樓上騷人多古意坐忘朝市無窮

事誰道武昌岸下魚不如建業城邊水

次韻子瞻餘杭法喜寺綠野亭懷吳興太守孫莘老

信美非吾土三吳一水中亭高望已極舟入去無窮朝市知安在

湖山信有功遨遊逐鳧鴨飲食數魚蟲波浪喧朝夕梅黍變綠紅

逢人問京洛去國長兒童同舍情相接鄰邦信屢通相邀欲相過

道里訊溪翁

和子瞻宿臨安淨土寺

四方清淨居多被僧所占旣無世俗營百事得豐贍家居每紛薄奉養出寒欠昔年旅東都局促吁已厭城西近精廬長老時一覘每來獲所求食飽山茶釅塵埃就湯沐垢膩脫巾轄不知禪味深但取飢腸饜京城苦煩溷物景費治染吳都況清華觀刹吐光豔石矼度空闊泉溜瀉深塹經過未足多終老應長歉

和子瞻自淨土步至功臣寺

山平村塢連野寺鐘相答晚陰生林莽落日猶在塔行招兩社僧共步靑山月送客渡石橋迎客出林樾幽尋本眞性往事聽徐說錢王方壯年此邦事輕俠鄉人鄙貧賤異類識英傑立石象輿王

遺迹今岌業功勳三吳定富貴四海甲歸來父老藏崇高畏擢壓

詩人巧譏病牛領悠挑抉流傳後世人談笑資口舌是非亦已矣

興廢何倉卒持歸問禪翁笑指浮漚沒

次韻子瞻遊徑山

去年渡江愛吳山忽忘蜀道輕秦川錢塘後到山最勝下枕湖水

相縈旋坐疑吳會無復有扁舟屢出淩濤淵今秋復入徑山寺勢

壓衆嶺皆摧顛連峰沓嶂不知數重重相抱如青蓮散爲雲霧翳

星斗聚作潭井藏蛟蜒欽翁未到人迹絕千里受記來安禪荒榛

野草置茅屋坐令海賈輸金錢至今傳法破煩惱飽食過客客安

走 疑误

[illegible]誤

眠解裝投錫不復去紛紛四合來烏鳶或言此處猶未好海上人
少無煩煎天台鴈蕩最深秀水驚石瘦尤清便青山獨往無不可
論說好醜徒紛然終嘗直去無遠近藤鞋竹杖聊窮年

次韻子瞻自徑山回宿湖上

朝從徑山來泱莽徑山色莫從湖上歸滉漾湖光碧借問泛湖舟
何似登山屐高懷厭朝市遠去忘憂慄目向幽人青顏從濁醪赤
塵埃解羅網宇宙爲安宅油然了無營此意誰能詰嗟予別離久
欲往徒反側畱滯亦何爲空驚突深黒

次韻子瞻題孫莘老墨妙亭

高岸爲谷谷爲陵一時豪傑空飛騰身隨造化不復返忽若野雀逢蒼鷹當年碑刻最深固風吹土蝕消無稜遺文漫滅雨中迹翠石斷裂春後冰古墳欲毀野廟廢行人不去征鞍憑書生耽翫立風雪飢驢厭苦疲奴憎愛之欲取恨無力旋揉翠墨濡黃繒不如好事孫太守牛車徙置華堂登遶墻羅列耀珪璧罷燕起讀開賓朋却思遺迹本安在原隰處處荒榛藤田夫野老誰復顧鬼火夜照來寒燈廢興聚散一如此反使涕泗沾人膺

熙寧壬子八月於洛陽妙覺寺考試舉人及還道出嵩少之間至許昌共得大小詩二十六首

洛陽試院樓上新晴五絶

縹緲危譙面面山朝來雲作雨潺潺忽然風卷歸何處百里陰晴反掌間

嵩少猶藏薄霧中前山迤邐夕陽紅高樓一閉三十日遙憶巖頭種藥翁

伊闕遙臨鳳闕前龍門女几氣蒼然唐朝御路依稀在猶想東巡塵暗天

天壇玉屋北侵河高比嵩丘一倍多小有清虛今倘在俗緣深重柰成魔

前朝宮闕倚邙山殿閣層層半鎖閒猶恐北來岡阜淺太行東抱
故廢頭

和頓主簿起見贈二首

聲病消磨只古文諸儒經術鬪紛紜不知舊學都無用猶把新書
强欲分老病心情愁見敵少年詞氣動干雲揔賢報國吾何敢欲
補空疎但有勤

一鎖樓中暗度秋微官聊勉未能休笑談容我聊紓放文字憑君
便去酉杯酒淋漓已非敵清詩窮時更難酬東歸猶得聯征騎同
上宮高望九州

將出洛城過廣愛寺見三學演師引觀楊惠之塑賢山朱瑶畫文殊普賢爲賦三首

寺古依喬木僧閑正莫年爲生何寂寞愛客尙留連虛牖羅修竹空厨響細泉坐聽談舊事遍識洛中賢

其二

虛室無尋丈靑山有百層回峰看不足危石恐將崩聽法來天女依巖老梵僧須彌傳納芥觀此信還曾

其三

壁毀丹靑在移來殿廡深賦形驚變態觀佛覺無心旌旆翻空色

笙竽含妙音風流出吳樣遺法到如今

登封道中三絶

緱山祠

飛仙不返周王子重阜相連少室孫夜静笙聲兼鶴下迴看惟有故山存

轘轅道

右緱山祠

青山欲上疑無路澗道相縈九十盤東望嵩高分草木囘瞻原隰湧波瀾

右轘轅道

少林寺贈頓起

一徑喬林下黃葉三山翠壁遠禪居共君將住還歸去欲問安心

知已疎　少林東接少室北倚石城南臨鳳凰山鳳凰山上有初祖庵二祖問法於此

登嵩山十首　右少林寺贈頓起

（石徑）

蒼壁上參天微徑隨流水聱牙石齒亂紛薄黃葉委牽攀不得上

顛仆幾將止勉強終此行更老知難至　石徑

（玉女窗）

巖竇有虛明曨曨發晴曉眞人無儔匹牕下晨粧早門開秋雨入

室靜長風掃絶跡杳難尋朱顏未嘗老　玉女窗

擣衣石

玉女雲為衣飄搖不須擣空傳巖下石夜杵知誰抱清泉供澣濯

素月鋪縉縞入世迫秋寒處處砧聲早 擣衣石

醒心泉

上山若饑渴中道得寒泉舉瓢石竇響入口煩痾痊洑流去不見

落澗聲鏘然莫歸復相值相從下平川 醒心泉

峰頂寺

重重山前峯上上終非頂行登重嶺徹始得山門迥高風慘多寒

落日側先瞑郤視向所經眇如在深井 峯頂寺

登封壇

登封事已遥大碑摧風雨靈壇久銷秃古木中梁柱峰巒至此盡蒼石無寸土俯視萬仭高悲辛但狂顧 登封壇

法華巖

飛橋走巖居茅屋今已破何年避世僧此地常獨卧秋風高鳥入夜月寒猿過自非心已灰靜極生悲愴 法華巖

將軍栢 在天封觀觀即唐避暑宫

肅肅避暑宫石殿秋日冷凛然中庭栢氣壓千夫整風聲答萬壑雲色通諸嶺材大難爲工甘與蓬蒿屏 將軍柏在天封觀觀即唐避暑宫

吳道子畫四眞君 在精思觀

浮埃古壁上蕭然四眞人矯如雲中鶴猶若畏四鄰坐令世俗士自慙汗濁身勿謂今所無嵩少多隱淪 吳道子畫四眞君在精思觀

啓母石

神夫化黃熊神母化白石嬰兒剖還父涕泣何暇郵爾來三千歲往事誰復識惟有少姨存相望居二室

過韓許州石淙莊 水中有石曰淙唐天后朝常燕羣臣於此石刻尚在

飛泉來無窮發自嵩嶺背奔馳兩山間偶與亂石會傾流勢摧毀泥土久崩潰堅姿未消釋巉巖儼相對居然受噴潑雷轉諸壑內

初喧墮深谷稍放脫重險跳沫濺霏微餘瀾洶澎湃宸遊昔事遠
絶壁遺刻在人迹久寂寥物理係興廢相君厭紛華築室俯湍瀨
濯纓離塵垢洗耳聽天籟將追赤松遊自置青雲外道人亦何者
預此事歸計猶恐山未深更種萬株檜

過登封閻氏園

秋暑尚煩襟林泉淨客心菊殘知節過荷盡覺池深疎柳搖山色
青苔遍竹陰猶嫌進官道轣轆聽車音

許州留别頓主簿

洛寺相從不出門遶城空復記名園程文堆案晨與早竹簟連床

夜雨喧歸路逢僧覽容與登山無力强扳援遥知別後都如夢賴
有君詩一一存

次韻子瞻登望海樓五絶

山色潮聲四面來城中金碧爛成堆不愁門外嚴扃鎖終日憑欄
未擬迴

湖色蒼蒼日向斜煙波萬狀不容誇畫船人去浮紅葉石徑僧歸
蹋白蛇

樓觀爭高不計層嗺嗺過鴈自相膺錢王舊業依稀在歲久無人
語廢興

荷葉初乾稻穗香驚雷急雨送微凉晚晴稍放秋山色洗郤濃粧作淡粧

白酒傾槳膾斫紅晝遊未厭月明中樓高只辦聽歌鼓不見遊人轉似蓬

和子瞻監試舉人

登科歲云徂舊學日將落外遭飢寒侵內苦憂患鑠傳家足墳史遺說本精約羣言久紛蕩開卷每驚矍居官忝庠序授業止干籥朝廷發新令長短棄前矱緣飾小學家毗睨前王作聲形一分解道義因附託安行厭衢路強挽就縻縛縱橫施口鼻爛熳塗丹堊

强辯忽横流漂蕩終安泊憶惟法初傳欲講面先作新科勸多士
從者盡高爵徘徊始未信衒誘終難卻嗟哉守愚鈍幾不被譏謔
獨醒歠餔糟未信恥輕諾敢言折鋒鋩但自保城郭有司顧未知
選試謬西洛羣儒誰號令新語競投削雖云心所安恐異時量度
詭遇便巧射晚嫁由拙妁誰能力春耕忍飢待秋穫聞兄職在監
考較筆仍閣縮手看傍人此意殊未惡

和子瞻煎茶

年來病懶百不堪未廢飲食求芳甘煎茶舊法出西蜀水聲火候
猶能諳相傳煎茶只煎水茶性仍存偏有味君不見閩中茶品天

下高傾身事茶不知勞又不見北方俚人茗飲無不有鹽酪椒薑誇滿口我今倦遊思故鄉不學南方與北方銅鐺得火蚯蚓叫匙腳旋轉秋螢光何時茅簷歸去炙背讀文字遣兒折取枯竹女煎湯

次韻子瞻對月見憶并簡崔度

先師客陳未嘗飽弟子于今敢言巧敗牆破屋秋雨多夜視陰精過畢昴齏鹽冷落空盃盤且依道士修還丹丹田發火五臟暖未補漫漫長夜寒我生疲駑戀棧豆崔翁遊邊指北斗唯有王江亦未歸閉門無客邀沽酒宛丘道人王江好飲酒去冬游沈丘遂不歸

官誤

和子瞻開湯村運鹽河雨中督役一

興事常苦易成事常苦難不督雨中役安知民力殫年來上功勲智者爭雕鑽山河不自保疏鑿非一端譏訶西門豹仁智未得完方以勇自許未卹衆口歎天心閔劬勞雨涕爲洗瀾不知泥滓中吏益手足寒誰謂邑中黔鞭箠亦不寬王事未可回后土何由乾

次韻子瞻雨中督役夜宿水陸寺詩二首

雲氣連山雨瀉盆莫投僧舍欲關門暫時洒掃寬行役終夕崎嶇入夢魂煩熱暗消秋簟冷烝濡未解夜燈昏二年遊宦多勞苦何日相從得細論

野寺蕭條厭客喧雨披修竹亂紛然已因無食聊從仕深悟勞生
不問禪未至莫憂明日事偷閑且就此宵眠天明歸去芒鞋滑雖
有藤輿懶上肩

次韻子瞻將之吳興贈孫莘老

宦遊莫向長城窟冬冰折膠弦亦絕吳中臘月百事便蟹螯黃金
鱸鱠雪京城舊友一分散近憶吳興須滿願世事反復如翻飛今
日共餘前盆垂吳人但恐去不遠適意未覺歸來遲借問校讎天
祿閣何如江海同遊嬉

和子瞻畫魚歌 吳人以長釘加杖頭以杖畫水取魚謂之畫魚

霽魚在淵安可及垂餌投竿易如拾橫江設網雖不仁一瞬未移

收百十盡魚何者漫區區終日辛勤手拮据已嫌長網不能遍昔

信一竿良有餘鯢鯢鯫哉歎龍泣獲少驚多亦何益願從網罟登

君庖碎首屠鱗非所惜

野寺蕭條廡宇空兩披修竹亂紛然已因無食聊從仕深悟勞生

不問禪未至異變明日事論構且就此宵眠天明歸去亡牲消編

有藤與欄上肩

次韻子瞻將之吳興贈孫莘老

宦遊與何長城窮冬冰折膠弦亦絕吳中臘月百事便盤羞含

喧遍殊首屬鄰非所惜敢近穢吳興須滿頰世事放復如酱須今

語共平原有餘韻隱戲散發龍泣獲恐驚客示何容顧從鄉留發

收百廿背須何皆變圖區終日辛勤手拮据已嫌長綱不能遍昔

欒城集卷文集卷第四投筆身如合備江設網羅不仁一辭未終

欒城集卷之五

宋眉山蘇轍子由著

明東吳王執禮子敬
顧天叙禮初
仝校

詩六十六首

次韻子瞻吳中田婦歎

久雨得晴唯恐遲既晴求雨來何時今年舟楫委平地去年蓑笠爲裳衣不知天公誰怨怒棄置下土塵與泥丈夫强健四方走婦女齷齪將安歸塌然四壁倚機杼收拾遺粒吹糠粞東鄰十日營一炊西鄰誰使救汝飢海邊唯有鹽不旱賣鹽連坐收嬰兒傳聞

四方同此苦不關東海誅孝婦

次韻子瞻遊道場山何山

兩山相負爲峯麓流水重重注溪谷遊人上尋流水源未覺崎嶇病雙足山深下視雲漫漫徑垂石底千屈盤松林陰森白日靜忽驚人世如奔湍客行不避苦與寒出僧定端居不下席人生嗟與草木同置身所在由初植堂中白佛靑鬐鬟氣象冲淡非人間坐令遠客厭奔走徑欲築室依空山木魚椵椵夜將旦星斗欹斜掛山半行役有程未可留將出山門復長歎

癸丑二月重到汝陰寄子瞻二首

憶赴錢塘九月秋同來潁尾一扁舟退居尚有三師在好事須爲十日留傾瀉向人懷抱盡忠誠爲國始終憂重來東閤皆塵土淚滴春風自不收

百頃西湖十里源近依城郭帶川原古臺駊騀先臨水野寺參差半掩門遠泛便成終日醉幽尋不盡數家園錢塘未到能先說更著青山兩岸屯

次韻子瞻二月十日雪

春雪漫天密又稀勾芒失據走靈威故欺貧窶冬裘盡巧助遨遊酒盞飛林下細花添百草堦前輕素剪新機老農先解憂桑柘九

月家人當授衣

和子瞻題風水洞

風送江湖滿洞天洞門可聽入無緣土霧鬱怒聲初散石齒聲牙勢未前樂奏洞庭真跌宕歌傳帝所亦清便何人隱几觀遺韻重使顏成問喀然

次韻子瞻新城道中

春深溪路少人行時聽田間耒耜聲飢就野農分餉黍迎嫌尉卒鬧金鉦閑花開盡香仍在白酒沽來壓未清此味暫時猶覺勝問兄何日便歸耕

次韻子瞻山村五絕

山行喜遇酒旗斜無限桃花續杏花與世浮沉眞避世將家漂蕩似無家

塍間白水細無聲日暖泥融草不生似恐田家忘帝力多差使者出催耕

旋舂紅稻始經鎌新煮黃雞取次甜無慕無營人自樂莫將西子愧無鹽

升平事業苦怱怱未信浮名到底空何用槖駝朝塞外試聽絛輴語場中

貧賤終身未娶羞山林難處便堪愁近來南海波尤惡未許乘桴
自在遊

次韻子瞻遊富陽普照寺

塵埃日已遠斗藪更無餘寺到逢門入詩成信手書山深僧自樂
路遠客終疎訪盡前朝景佗年一告予

次韻子瞻自普照入山獨遊二庵

披榛入山山路細鐘聲出寺門將閉石苔冉冉上芒鞋草露溥溥
著衣袂野人茅茨苫竹屋終身局促無生計天公未省長困人春
田米盡秋田繼老妻稚子亦自樂野草山花還插髻長笑人間醉

未醒終老辛勤漫欺世

次韻子瞻與蘊世美同年夜飲

晚歲爭遊宦相從未嘗足羨君四海皆兄弟棧中直木不容曲臨安老令况同科相逢豈厭樽中醁潦倒誰憐澗底松歲寒尚有霜前竹聞道渠家八丈夫它日歸耕兒幽獨

次韻子瞻病中遊虎跑泉僧舍二首

掃地開門松檜香僧家長夏亦清涼公庭多事久來厭靜處安眠計甚長修竹塡牕藤簟綠白蓮當戸石盆方香厨晚飯紅粳熟忽憶烹雞田舍嘗

澗谷新晴草木香野情蕭散自生涼雨添山色翠將溜日轉松陰
晚更長病客獨來唯有睡遊僧相見亦它方還家煩熱都消盡不
信醫王與藥嘗

和子瞻東陽水樂亭歌

君不見武安前堂立曲旃官高利厚多憂患又不見夏侯好妓貧
無力簾箔爲衣人莫識兩人操行雖不同辛苦經營實如一不如
君家激水石中流聽之有聲百無憂笙竽窈眇度溪谷琴筑淒咽
穿林丘高人處世心淡泊衆聲過耳皆爲樂退食委虵石上眠幽
音斷續床前作正如古人樂易多歡娛積土爲鼓塊爲桴但能復

作太古意君家水樂眞有餘

次韻子瞻有美堂夜歸

飮闌鐘虡欲移軒香霧猶殘金博山明月飛來松嶺外遊人散落馬蹄間城嚴畫鼓初傳角路暗山花自落鬟淸境暫時都不見夜深人盡始來還

次韻子瞻祈雨

世故紛紛誰復閑蛟龍不雨獨安眠人間已厭三秋旱澗底猶慳一掬泉廟令酒肴時醉飽田家糠粃久安便憂心未已誰知郵更把爐香試一燃

次韻子瞻再遊徑山

我兄東南遊，我亦夢中去。徑山閒已熟，往意穿雲霧。夢經山前溪，足冷忽先渡。舉頭雲峰合，到寺霜日暮。香廚饌巖蔌，野徑踏藤屨。平生共遊處，蹇足躡高步。崎嶇每生胝，眩晃屢回顧。何年棄微官，攜手眾山路。（得此詩後，夢與兄同遊山中，故爲此篇。）

王仲儀尚書挽詞

謝公德業久彌新，幼度英奇也絕倫。父子俱賢眞不朽，功名自致豈相因。邊兵屢動思良將，廷論蕭條憶諍臣。靑史世家它日事，新阡宿草倍沾巾。

次韻范景仁侍郎移竹

雙檜生南戸，叢筠種北牆。交陰奉君子，爲伴老中堂。露洗秋堦綠，風含夏簟涼。栽花知已誤，新上一番霜。

寄題蒲傳正學士閬中藏書閣

朱欄碧瓦照山隈，竹簡牙籤次第開。讀破文章隨意得，學成富貴逼身來。詩書教子眞田宅，金玉傳家定糞灰。更把遺編觀得失，君家舊物豈須猜。

自陳適齊戲題

庠齋三歲最無功，羞愧宣王祿萬鍾。猶欲談經誰復信，相招執籥

更須從陳風清淨眠眞足齊俗彊梁懶不容久爾安閑長自怪此行磨折信天工

送董楊休比部知眞州

奏課西南最分符江海衝往來觀惠術蟠錯試餘鋒文字從堆案鐏壘彊解容金山只隔水時復聽晨鐘

送排保甲陳祐甫

我生本西南爲學慕齊魯從事東諸侯結綬濟南府誰言到官舍旱氣裂后土饑饉費囷倉剽奪驚桴鼓細爲禮義邦憂作流亡聚君來正此時王事最勤苦驅馳黃塵中勸說野田父穰穰百萬家

水中央鳧鷺聚散湖光淨魚鱉浮沉瓦影涼清境不知三伏熱病

南山迤邐入南塘北渚岩𡺸枕北牆過盡荷橋斷處忽逢朱檻

環波亭

和孔教授武仲濟南四詠

君聊復夢魂飛

送將歸思親道路寧論遠入蜀山河漸覺非我有舊廬江水上因

宦遊東土暫相依政役頻煩會合稀每悖詳明容老病不堪羈旅

送韓祗嚴戶曹得替省親成都

一邇什伍政令當及期田間貴爻堵歸乘忽言西畇勞共証語

身唯要一藤床

北渚亭 〔右環波亭〕

西湖已過百花汀未厭相攜上古城雲放連山瞻嶽麓雪消平野看春耕臨風舉酒千鍾盡步月吹笳十里聲猶恨雨中人不到風雲飄蕩恐神驚

鵲山亭 〔右北渚亭〕

築臺臨水巧安排萬象軒昂發瘞埋南嶺崩騰來不盡北山斷續意尤佳平時戰伐皆荒草永日登臨慰病懷更欲留詩題素壁坐中誰與少陵偕 〔右鵲山亭〕

檻泉亭

連山帶郭走平川，伏澗潛流發湧泉。洶洶秋聲明月夜，蓬蓬曉氣欲晴天。誰家鷺鴨橫波去，日暮牛羊飲道邊。滓穢未能妨潔淨，孤亭每到一依然。

右檻泉亭

踏藕

春湖柳色黃，宿藕凍猶殭。翻沼龍蛇動，撑船牙角長。清泉浴泥滓，粲齒碎氷霜。莫使新梢盡，炎風翠蓋涼。

和李誠之待制燕別西湖 并叙

熙寧六年九月，天章閣待制李公自登州來守此邦，愛其山川泉石之勝怡然有久留之意此邦之人安公之惠亦欲公之久於此也然自其始至而民知其方將復用懼其不能久矣明年二月詔書移牧河間邦之父兄皆惜其去雖公亦將留焉而不可得也於是數與其僚燕於湖上曰北方幸安余將復老於此酒酣賦詩以別從而作者三人公平生喜爲詩所至成編及來此邦而未嘗有所爲故尤貴之遂相與刻於石以慰邦人之思焉

東來亦何恃夫子此分符談笑萬事畢樽罍衆客俱高情生遠岫淸興發平湖坐使羈遊士能忘歲月徂縱歡眞樂易恨別不須臾

廟堂新謀帥河間最近朝安邊本餘事清賞信及圖應念茲園好

流泉海內無

送李誠之知瀛州

少年學詩書晚歲探王道豈伊封疆臣乃是廊廟寶若恨富貴遲聲名得宜早憶惟西羌桀始建元戎纛恩威兩朝日號令靡秋草功勲不容究孤高易摧倒歸來易三邦但養胸中顥寧知北邊將還須用耆老春風吹旌旆先聲過城堡往事交足懲遺黎待公保

西湖二詠

觀補亭

西湖不放長竿入羣魚空作淘河食漁人攘臂下前汀蕩漾清波
浮兩腋藕梢菱蔓不容網陷作長圍徒手得逡巡小舟十斛重踊
躍長魚一夫力柳條穿頰洗黃金鱠縷堆盤雪花積燒薤香橙杇
相與白飯青蔬甘莫逆食罷相攜堤上步將散重煎葉家白人生
此事最便身金印垂腰定何益

右觀捕魚

食雞頭

芡葉初生縐如縠南風吹開輪脫轂紫苞青刺攢蝟毛水面放花
波底熟森然赤手初莫近誰料明珠藏滿腹剖開亭液尚模糊大
盎磨聲風雨速清泉活火曾未久滿堂坐客分升掬紛然咀噍惟

恐遲勢若犇雛方脫粟東都每憶會靈沼南國陂塘種尤足東遊

塵土未應嫌此物秋來日嘗食　右食雞頭

次韻孫推官朴見寄二首

蒙愠未能憂悄悄得閑時復醉昏昏知君亦學無言語豈悟維摩

不二門

病懶近來全廢學宦游唯是苦思鄉粗知會計猶堪任貪就功名

有底忙懷舊暗聽秋鴈過夢歸偏愛曉更長故人知我今何念擬

向東山賦首章

送張正彥法曹

憶見君兄弟相攜謁侍郎通經誇早歲落筆盡成章試劇何輕鋭當官便激昂三年知力竭大府覺才長知已未如格歸貲纔滿囊舊書還讀否師說近凄凉君以三傳及第今廢此科

送靑州簽判俞退翁致仕還湖州

不作淸時言事官海邦那復久盤桓早依蓮社塵緣少新就草堂歸計安富貴暫時朝露過江山故國水精寒宦游從此知多事收取楞伽靜處看

和靑州教授頓起九日見寄

歲月飄然風際煙紫萸黃菊又霜天莫思太室杉松外且醉靑州

歌舞前昔年與頓君同登嵩頂時正重九杯酒追歡眞一夢天涯回望正三年近來又欲東觀海聽說毛詩雅頌篇君善講詩

題徐正權秀才城西溪亭

竹林分徑水通渠眞與幽人作隱居溪上路窮惟畫舫城中客至有罾魚東來只爲林泉好野外從敎簿領疎不識徂徠石夫子兼因女壻覔遺書徐生石介女壻也

和子瞻喜虎兒生

生男如狠猶恐尫寅年生虎慰爺孃汝家家世事文史門戶豈有空剛強試看猛虎在山谷斧牙鈎爪旗尾揚徐行當道擇牛羊狐

貍驚走熊豬忙我今老病思退藏生子安得倘激昂不見伯父擅文章逡巡議論前無當

次韻子瞻病中贈提刑段繹

京東分東西中劃齊魯半兒來本相從路絕一長嘆前朝使者還手把新詩玩憐我久别離卷帙爲舒散誰言窮陋邦得此唱酬伴相逢傾蓋間晤語何旦旦宦遊少娛樂纏縛苦文案能於王事餘時作楚辭亂臂如近膏油未肯忘濯盥賢豪眞勉强功業畏繚繞伊余獨何爲舊籍西南貫竊祿未遑歸自笑嗟已懦方當四海寒戀此一寸炭主勸客欲畱逡巡要奪館柰何獨見收歎言强溫煖

此意定難酬還予授子粲

次韻子瞻賦雪二首

麥苗出土正纖纖春旱寒官令尚嚴雲覆南山初半嶺風乾東海盡成鹽來時聯息平吞野積久敧危欲敗簷强付酒樽判醉熟更尋詩句鬬新尖

點綴偏工亂鵲鴉淹留欲解憜船車乘春已覺矜餘力騁巧時能作細花殭鴈墮鴟誰得罪敗墻破壁若爲家天公愛物遥憐汝應是門前守夜叉是歲京師雪尤甚鵰鳶凍死如積

次韻韓宗弼太祝送遊太山

羡君官局最優游笑我區區學問囚今日登臨成獨往終年勤苦
粗相酬春深綠野初開繡雲解青山半脫裘回首紅塵讀書處責
茶留客小亭幽

次韻劉敏殿丞送春

春去堂堂不復追空餘草木弄晴暉交遊歸鴈行將盡蹤跡鳴鳩
懶不飛老大未須驚節物醉狂兼得避危機東風雖有經旬在芳
意從今日日非（四月十一日立夏）

次韻趙至節推首夏

首夏尋芳也未遲遶園紅紫尚菲菲無心與物眞皆可有酒逢人

勸莫違夢逐楊花無限思身慙啼鳥不如歸官居寂寞如僧舍海燕憐貧故入扉

次韻李昭叙供備燕別湖亭

池亭雨過一番涼雲髻羅裙客兩旁不覺行人離恨遠貪看積水照筵光滿堂樽俎歡方劇極目江湖意自長歸去伊川瀟灑地不須遺念屬清湘

送李昭叙移黎陽都監歸洛省親

與君非舊識傾蓋便相親共事林泉郡忘歸南北人煑茶流水曲載酒後湖濱未覺遊從厭空驚別恨新瀕河今重地知已舊元臣

洛下閭雞犬家書不浹旬西還倚門罷北渡羽書頻忠孝傳家事
風流待一振

遊泰山四首

初入南山

自我來濟南經年未嘗出不知西城外有路通石壁初行澗谷淺
漸遠峰巒積翠屏互舒卷耕耨隨欹側雲木散山阿逆旅時百室
兹人謂川路此意屬行客久遊自多念忽誤向所歷嘉陵萬壑底
棧道百迴屈崖巘遞崢嶸征夫時出没行李雖云艱幽邃亦已劇
坐緣斗升米被此塵土厄何年道褒斜長嘯理輕策

四禪寺

山蹊容車箱深入遂有得古寺依巖根連峰轉相揖樵蘇草木盡佛事亦蕭瑟居僧麋鹿人對客但羞澁雙碑立風雨八分存法則云昔義靖師萬里窮西域華嚴貝多紙歸來手親譯蛻骨儼未移至今存石室遺文盡法界廣大包萬億變化浩難名丹青畫京邑粲然共一理昡晃莫能識末法漸衰微徒使眞人泣

靈巖寺

青山何重重行盡土囊底巖高日氣薄秀色如新洗入門塵慮息盥漱得清泚高堂見眞人不覺首自稽祖師古禪伯荆棘昔親啓

人跡尚蕭條豺狼夜相舐白鶴導清泉甘芳勝醇醴聲鳴青龍口

光照白石陛尚可滿畦塍豈惟濯蔬米居僧三百人飲食安四體

一念但清涼四方盡兄弟何言庇華屋食苦當如薺

嶽下

東來亦何求聊欲觀海岱海西上千里將行勇還退岱陰即齊疆

南徃曾歷塊春深草木長山暖冰雪潰中巷無居人南畝釋耕耒

東徙八方至塵坌百里內牛馬汗淋漓綺紈聲綷縩喧闐六師合

洶湧眾流滙無復問誰何但自含耽愛龍鸞畫車服貝玉飾冠佩

驊騮蹴騰驤幡旆飛晻曖腥羶及魚鼈瑣細或蒲萊遊隨愧無賚

頮

字誤字

知誤如

技巧窮殊態縱觀腭未已精意殫一酹出門青山屯遶廊遺迹睞

登封倚壇壝古觀寫旗隊戈矛認毫末舒卷分向背雍容太平業

磊落豐碑在往事半蓬蒿遺跟但悲慨囘瞻最高峰遠謝徂徠對

欲將有限力一放目所追天門四十里預恐雙足廢三宿遂徘徊

歸來欲誰懟前年道轘轅直上嵩嶺背中休強飲食莫宿時盥頮

稍知天宇寬不覺人寰穢歲時未云久筋骸老難再山林無不容

疲薾坐自礙自知俗緣深畢老守闤闠何當御清風不用車馬載

送王璋長官赴眞定孫和甫辟書

昔年旅南服始識王荆州威動千里肅恩寬行客留從容見少子

風采傾凡儔温然吐詞氣已覺淸且修不見十五年相逢話百憂
靑衫走塵土白髮各滿頭新棄東海邑願從北諸矦北鄙事方夥
饑饉連戈矛盟好未可輕念當事懷柔主將今老成勉盡良計籌

寄孫朴

憶昔補官太皥墟泮宮蕭條人事疎日高鼾睡聲噓噓往還廢絕
門無車君爲戶曹郎簡書放懷疎懶亦似余相逢語笑夜躊躇烹
煑黎粟羞殺蔬官居一去眞邈廬東來失計悔厥初夜聞桴鼓驚
閭閻事如牛毛費耘鉏違失眞性從吏胥目視紾臂邀徐徐羨君
不出心自如北潭秋水多芙蕖靑荷包飯蒲爲葅修然獨往深淵

魚人生如此樂有餘胡爲自投檻中狙

和韓宗弼暴雨次韻

執熱臥北窗淋漓汗流注蛟龍逭水府誰起叩天戶偶然終日風振擾北山霧崩騰轉相軋變化不容睹雷聲運車轂雨點傾豆黍逡巡溷河漢指顧纔笑語破屋少乾床茅苫固難禦出門泥没足此厄比鄰溥苟令終歲熟敢有今日怒晚照上東軒清風襲虛廡微生免荷鉏但喜脫煩暑農父更事多缺塘已增土

舜泉復發

奕奕清波舊遶城旱來泉眼亦塵生連宵暑雨源初接發地春雷

夜有聲復理溝渠逼屈曲重開池沼放澄淸逼衢細灑浮埃淨車
馬歸來似晚晴

次韻徐正權謝示閔子廟記及惠紙

西溪秋思日盈牋幕府拘愁學久騫記廟終慙無好句酹墳猶喜
有前篇生先作祭閔子文屏除筆硯眞良計寫寄交遊畏妄傳吳紙贈君
君莫怪耕耘廢罷有閑田

張文裕侍郎挽詞

持節西南二十年華堂遺像已蒼然歸來侍從三朝舊老去雍容
平地仙落筆縱橫題壁處誦詩淸壯舉杯前東遊邂逅迎歸旐淚

落城南下馬阡

東方書生行

東方書生多愚魯閉門誦書口生土窗中白首抱遺編自信此書傳父祖辟雍新說從上公冊除僕射酬元功太常弟子不知數日夜吟諷如寒蟲四方窺覘不能得一卷百金猶復惜康成頴達棄塵灰老聃瞿曇更出入舊書句句傳先師中途欲棄還自疑東鄰小兒識機會半年外舍無不知乘輕策肥正年少齒疎脣腐眞堪笑是非得失付它年眼前且買先騰踔

送韓宗弼

大野將凍河水徹慨然臨流送將歸登舟上帆手一揮脫棄朋友如敝衣我來三見芳草腓來時同僚今已非今昔相從未嘗違西湖幽遠人事稀青蓮紫芡傾珠璣白魚掉尾黃鼈肥客醉將起命闔扉方橋月出風露霏星河下照揺清輝喧呼笑語相嘲譏歲月一逝空長欷交遊去盡將誰依君家漢代平與韋藹然令德傳餘徽鳴鳩著地鴻高飛安得久此同縶鞿

送劉長清敏

汝州太守卧病年亹亹猶復能清言平生雄辯嗟不見風流尚有曹州存歷下東遊少相識歡喜聞君在西邑舊知兄弟無凡儔相

逢一笑開顔色三年政令如牛毛思歸南畝背蓬蒿羨君飲酒動
論斗引觥向口收狂瀾醉後胸中百無有偃然嘯傲傾朋曹中朝
卿士足官府君歸何處狂謌謠劉原甫自長安病歸余始識之

汝尚將歸吳興齊州記室蘇子由辱詩爲送因次韻謝之云

卷末

釋屩從軍吾濫官已衰能復尚盤桓邇來齒髮羞相　問乞有衡
茅覔自安使我襟懷遺内熱誦君詩句襲人寒知誰便是知音者
且作巖溪雪景看

高祖郎中頊蒙　以御史召力辭不允解組而歸先生作
是詩以送之　高祖溪堂集中亦嘗賡和淳熙丁未微假

守鎬陽謹刊篇末

欒城集卷之五　終

欒城集卷之六

宋眉山蘇轍子由著

明東吳王執禮子敬 顧天敘禮初 仝校

詩一百首

題張安道樂全堂

天命無不全，人事每自傷。譬如摩尼珠，宛轉有餘光。藻飾不能加，
塵垢豈有亡。世人未嘗識，姑射手自將。我公體自然，率性非勉强。
馳驅四十年，不入憂患場。晚歲事業養，斂退就此堂。小儒豈知道，
宿昔窺門牆。申屠師無人，無足亦自忘。如逢鄭執政，一笑先生傍。

和鮮于子駿益昌官舍八詠

桐軒

桐身青琅玕，桐葉蒲葵扇。落落出軒墀，亭亭奉閒燕。夜聲疏雨滴，午影微風轉。秋颸一凌亂，淅瀝驚葱蒨。朝日失繁陰，青苔覆遺片。空使坐中人，慨然嗟物變。

右桐軒

竹軒

幽軒離紛華，惟有一叢竹。纖梢起餘寒，紫筍散輕馥。擢榦春雨餘，挺節秋霜足。不知歲時改，守此娟娟綠。上有吟風蟬，空腹未嘗食。翦伐非所辭，不受塵土辱。

右竹軒

栢軒

築室城市間移栢南澗底山林夙所尙封植聊自寄崎嶇脫巖石擁塞出蓊翳上承淸露滋下受寒泉惠秋來禾霜葉咀嚼有餘味苦澁未須嫌愈久甘如薺

右栢軒

巽堂

山前三秦道車馬不遑息日出紅塵生不見靑山色峰巒未嘗改徃意自奔迫誰言幽堂居近在使者宅俯聽辨江聲卻立睨石壁藤蘿自太古松竹列新植暑簟臥淸風寒樽對佳客試問東行人誰能同此適

右巽堂

山齋

平地厭喧囂虛齋上山足蕭條遠城市披晻富林麓簡書日塡委
杖屨每幽獨豈無山中士高臥自茅屋逢人默無語長嘯響巖谷
此室庶可招夜月相從宿 右山齋

閑燕亭

登山稍已高曠望良亦遠危亭在山腹物景行自變諸峰宿露收
草木朝陽絢盎盎雲出山濯濯泉垂坂徐行得佳處永日遂忘返
此樂只自知傍人任嫌懶 右閑燕亭

會景亭

亭高衆山下勝勢不自收岡巒向眼盡風籟與耳謀鳶飛半嶺息
雲起當空遊視身如乘風超然忘百憂暮歸室中居唯見窗戶幽
視聽隨物變恍誰識其由

右會景亭

寶峰亭

昔過益昌城莫登君子堂篤言念長道未暇升崇岡今聞寶峰上
縹緲陵朝陽三休引蘿蔓一覽窮蒼茫微雲靄雙劒落日明故鄉
奔馳迹未安山藪意自長漂搖萬里外手把新詩章宦遊不忘歸
何異鳥欲翔塵土汙顏面年華侵鬢霜何時首歸路所至聊徬徨
樽俎逢故人亭謝凝淸光爲我具斗酒宿恨猶可償

右寶峰亭

次韻分司南京李誠之待制求酒二首

世上升沉都夢裏春來彊健鬬樽前公田種秫全拋却坐客無氊誰與錢

春深風雨半相和節物令人意緒多中酒何須問賢聖和詩今尚許羊何

送施歷城辯歸常州

高人不受塵土侵三年浙江藏何深久閑物理有相復歷城官事森成林乘時斂散遂十二鞭撻逋負徒哀矜一杯相屬未嘗得百帆歸去嗟安能潛逃雖出知者後黽勉尚見仁人心歸期忽告三

月尾強酉不顧千黃金河豚雖過鱸鱖在粳稻正插風雨淫酒肴勞苦罄隣里期會迫險思僚朋山川吳越我所愛扁舟佗日要追尋滯酉未用便相詑半年歲月行駸駸

施君既去復以事還戲贈

令尹西行去又迴西湖重把舊樽罍吏民再見雞棲乘猶道吾公挽不來

和文與可洋州園亭三十詠

湖橋

湖南堂宇深湖北林亭遠不作過湖橋兩處那相見 湖橋

橫湖

湖裏種荷花湖邊種楊柳何處渡橋人問是人間否

書軒

綠竹覆淸渠塵心日日疎使君遺僻在苦要讀文書

氷池

水深氷亦厚滉蕩鋪寒玉好在水中魚何愁池上鷺

竹塢

空陂放修竹肅肅復冥冥莫除塢外筍從使入園生

荻浦

離披寒露下蕭索微風觸摧折有餘青從橫未須束（荻浦）

蓼嶼

風高蓮欲衰霜重蓼初發會使此池中秋芳未嘗歇（蓼嶼）

望雲樓

雲生如涌泉雲散如翻水百變一凭欄悠悠定誰使（望雲樓）

天漢臺

臺高天漢近匹練掛林端秋深霜露重誰見落西山（天漢臺）

待月臺

夜色何蒼蒼月明久未上不上倚城臺無柰東南嶂（待月臺）

增題

二樂樹

動靜惟所遇仁智亦偶然誰見二物外猶有天地全 二樂樹

瀛泉亭

泉來草木滋泉去池塘滿委曲到庭除淸泠備晨盥 瀛泉亭

吏隱亭

隱居亦非難欲少求易遂有意未成歸聊就茅簷試 吏隱亭

霜筠亭

林高日氣薄竹色淨如水寂歷斷人聲時有鳴禽起 霜筠亭

無言亭

處世欲無言事至或未可唯有此亭空燕坐聊從我 無言亭

露香亭

重露覆千花繁香凝畦圃不忍日將晞散逐微風去 露香亭

涵虛亭

虛亭面疎篁窈窕衆景聚更與坐中人行尋望來處 涵虛亭

溪光亭

溪亭新雨餘秋色明滉漾鳥渡夕陽中魚行白石上 溪光亭

過溪亭

溪淺復通橋過者猶恨懶賴有沙上鷗常爲獨遊伴 過溪亭

按仍以披字爲是

披錦亭

春晼百花齊緜緜巧如織細雨洗還明輕風卷無迹 披錦亭

禊亭

觴流無定處客醉醒還酌母令仲御歌空使人驚愕 禊亭

菡萏軒

開花濁水中抱性一何潔朱檻月明時清香爲誰發 菡萏軒

荼蘼洞

猗猗翠蔓長藹藹繁香足綺席墮殘英芳樽漬餘馥 酴醾亭

篔簹谷

誰言使君貧已用谷量竹盈谷萬萬竿何曾一竿曲 篔簹谷

（寒蘆港）

蘆深可藏人下有扁舟泊正似洞庭風日莫孤帆落 寒蘆港

（野人廬）

野人三四家桑麻足生意試與叩柴荆言辭應有味 野人廬

（此君庵）

風梢遠簷匝霜榦當窗静遥知素壁上醉墨森相映與可墨竹冠絶今世 此君庵

（金橙逕）

葉如石楠堅實比霜柑大穿逕得新苞令公憶鱸鱠 金橙逕

南園

官是勸農官種桑亦其所安得陌上人隔葉攀條語　南園

北園

使君美且仁遍地種桃李豈獨放春花行看食秋子　北園

次韻吳興李行中秀才見寄并求醉眠亭詩二首

才堪簿領更無餘贏得十年閑讀書寵辱何須身自試窮愁不待酒驅除故人歸去無消息佳句新來屢卷舒前日使君今在此不妨時復置雙魚李公擇自吳興移齊南

右和見寄

是非一醉了無餘唯有胷中萬卷書已把人生比蘧傳更將江浦
作階除欲眠賓客從教去倒臥氍毹豈暇舒京洛舊遊眞夢裏秋
風無復憶鱸魚

右醉眠亭

和子瞻玉盤盂二首 東武蘇莒公家園中千葉白芍藥子瞻新爲此名

千葉團團一尺餘楊州絶品舊應無賞傳莒國遷鐘虡移憶胡僧
置鉢盂叢底啚連傾鑿落鉼中捧擁照浮屠強將絳蠟封紅萼憔
悴無言損玉膚

故相林亭父老知出羣草木尙何疑無多產業殘花藥幾許功名

此下缺一葉

舊鼎彝豐艷不知人世別佳名新換使君詩明年會看花尤好剩

盡浮苞養一枝

寄題密州新作快哉亭二首

車騎崩騰送客來奔河斷岸首頻回盤成戶牖功無幾放出江湖

眼一開景物爲公爭自致登臨約我共追陪自矜新作超然賦更

擬蘭臺誦快哉

檻前濰水去沄沄洲渚蒼茫煙柳勻萬里忽驚非故國一樽聊復

對行人謝安未厭頻攜妓汲黯猶須卧理民試問沙囊無處所于

今信怯定非真

贈馬正卿秀才

男兒生可憐赤手空腹無一錢死喪三世委平地骨肉不得歸黃泉徒行乞丐買墳墓冠幘破敗衣履穿矯然未肯妄求取耻以不義藏其先辛勤直使行路泣六親不信相尤愆問人何罪窮至此人不敢尤其怨天孝慈未省鬼神惡兄弟寧有木石頑善人自古有不遇力行不廢良謂賢

答文與可以六言詩相示因道濟南事作十首

遠遊旣爲東魯遷居又愛南山齒髮自知將老心懷且欲偷安

舜井溢流陌上歷山近在城頭羈旅三年忘去故園何日歸休

野步西湖緣縟，晴登北渚煙絲。蒲蓮自可供腹，魚蟹何嘗要錢。

飲酒方橋夜月，釣魚畫舫秋風。冉冉荷香不斷，悠悠水面無窮。

雨過山光欲濕，寒來水氣如蒸。勝處何須吳越，隨方亦有遊朋。

揚雄執戟雖久，陶令歸田未能。眼看雲山無柰，神傷薄領相仍。

綵歲觴親鞭朴，此生知負詩書。欲尋舊學無處，時有故人起予。

故友遠在江漢，萬里時寄聲音。聞道禪心寂寞，未廢詩人苦吟。

佳句近參風雅，微詞間發離騷。竊欲比君庾信，莫年詩賦尤高。

相思欲見無路，滿秩西歸有時。及君鈴閣少事，飲我松醪滿卮。

次韻李公擇寄子瞻

青蒲一下復東來擁扇西風滿面埃擊柝自營何擇地餔糟同醉未須回孤高振鷺瞻初下淡泊嬰兒及未孩我亦漂流家萬里年來差上望鄉臺

次韻李公擇以惠泉答章子厚新茶二首

無錫銅瓶手自持新芽顧渚近相思故人贈答無千里好事安排巧一時蟹眼煎成聲未老兎毛傾看色尤宜槍旗攜到齊西境更試城南金線奇金線泉在齊州城南

新詩態度靄春雲肯把篇章妄與人性似好茶常自養交如泉水久彌親睡濃正想羅聲發食飽尤便粥面勻底處翰林長外補明

年誰送雪溪春

和李公擇赴歷下道中雜詠十二首

泛清河

南北無多水，崎嶇未捨船。何時好霖雨，是處有通川。墳壠看書卷，

與主指道邊蒼茫半秋草，猶復較愚賢。

將至桃園阻淺且風不得進

卷帆倚棹淺河津，憶泛長江步步新。未免生涯寄風浪，不堪舟楫

委埃塵。徃來欲就沙囊堰，深淺時看舉策頻。一望雲霓百憂集，應

思平地隱居人。

桃園阻淺將易小舟一夜水大至復乘便風頃刻百里

此生與物妄相仇欲往長嫌苦見留淺瀨何知向人惡漲溪豈復爲公流雨痕忽到工催客風信初來轉打頭舉目汀洲都未改忽添淸興滿行舟

下邳黃石公廟

圯下相逢南北人三邀不勸識天眞十年却見穀城下寂寞同收一夢身

宿遷項羽廟

尺箠西來壠畝中驅馳力盡衆兵衝舊封獨守君臣義故國長修

俎豆容平日軍聲同破竹少年心事喜摧鋒錦衣眷戀多鄉思肯顧田家社酒醲

呂梁

出没懸流雖有道憑陵險地本無心未能與物都無礙咫尺淸泉亦自深

梁山泊 次韻

近通沂泗麻鹽熟遠控江淮粳稻秋粗免塵泥汙車腳莫嫌菱蔓繞船頭謀夫欲就桑田變客意終便畫舫遊愁思錦江千萬里漁蓑空向夢中求時議者將乾此泊以種菽麥

次韻梁山泊見荷花憶吳興五絕

南國家家漾綠漪芙蕖遠近日徵明梁山泊裏逢花發忽憶吳興十里行

終日舟行花尚多清香無奈着人何更須月出波光靜臥聽漁家蕩槳歌

行到平湖意自寬繁花仍得就船看回頭却向吳儂說從此遠遊心未闌

花開南北一般紅路過江淮萬里通飛蓋靚糚迎客笑鮮魚白酒醉船中

菰蒲出没風波際，鴈鶩飛鳴霧雨中。應爲高人愛吳越，故於齊魯作南風。

次韻李公擇九日見約以疾不赴

它年逢九日，桮酒逐英豪。漸老經秋病，獨醒何處高。床頭添藥裹，坐上減牛毛。寂寞知誰問，煩公置濁醪。

喜雪呈李公擇

秋來旱已久，雪至亦不薄。沉沉夜未眠，蔌蔌聲初落。霏微入疏戶，眩晃先朱閣。披衣視羣動，照屋始驚愕。晨起犯清寒，鮮陰看漠漠。喬林凍相倚，隙瓦乾猶爍。孤村掩圭竇，深逕没芒屩。平野恣汗漫，

四山增峯埆晚色漏斜陽林光粲相錯氛埃一清蕩疲癘解纏縛
寒蔬養春芽宿麥布冬脚官居亦何賴歲事信所託逋逃幸一飽
剩盜止羣惡無事樂自多有酒庶可酌我行今不久公到時方作
豐穰識天意暇豫可前約齋廚雖無餘賓客甚易諾行須酒壺倒
莫待陰雲剝

次韻范郎中仰之詠雪

倉廩未應空長天霰雪濛瓊瑤布地淨組練出師雄雲潤諸峰遍
花繁百草同農謠麥壠外客興酒杯中聚散占風力消融驗藥功
歷城西北陽起石山其上不畱雪 遠遊聊自喜三見歲時豐

次韻李公朝著作見贈二首

遠客徒爲爾江邊有故丘汀洲信廣大鳧鴈任漂浮好事時攜酒
歸心久倦遊還鄉定衰老朋友肯相收

其二

稽古終何力扶衰漫有方故人憐困躓佳句贈輝光未暇抽身去
安能插翅翔空存疎懶性高臥笑羲皇

惠穆呂公挽詞二首

全齊開故國清廟饗元功德業眞無忝勳名但未充邊防推信惠
社稷倚勤忠不作司徒貴何慙鄭武公

其二

風俗非平昔賢豪棄此時新阡長宿草行路拜豐碑惠術遐方記嘉猷信史知悲涼哭墳客不爲受恩私

次韻蔣蘷寒夜見過

都城廣大漫如天旅人騷屑誰與歡北風號怒屋無瓦夜氣凝冽冰生盤雪聲旋下白玉片燈花暗結丹砂丸叩門剝啄驚客至吹火倉卒憐君寒明時未省有遺棄高論自笑終汗漫識君太學嗟歲久至今客舍猶泥蟠正如憔悴入籠鶴坐見擢落凌風翰明朝倘肯過吾飲有酒不盡行將酸

次韻王肇廷評招飲

病憶故鄉同越舄性安田野似禪諶都城歲晚不歸去客舍夜寒猶獨吟樽酒憐君偏好客詩篇寄我謬知音會須雪裏相從飲履迹旋平無處尋

雪中會孫洙舍人飲王氏西堂戲成三絶

新歲逼人無一日殘冬飛雪已三迴百分琥珀從君勸十里瓊瑤走馬來

南國高人真巨源華堂邂逅接清樽十年一見都如夢莫怪終宵語笑喧

傾盡香醪雪亦晴，東齋醉臥已三更。佳人不慣生踈客，不盡清歌宛轉聲。

雪中呈范景仁侍郎

羈遊亦何樂，幸此賢主人。東齋暖且深，高眠不知晨。開門驚照耀，舞雪方繽紛。繁雲覆庭廡，落勢一何勻。霏微本無着，積疊巧相因。萬類忽同色，九衢淨無塵。園林開組練，觀闕堆瓊珉。蟲書散鳥足，縞帶斷車輪。遠遊浩千里，欲出迷四隣。詀言助春農，亦善欺客貧。賴我古君子，高談吐陽春。方當庇華屋，豈憂無束薪。

次韻景仁丙辰除夜

以下宋本缺

數舉除夜酒，稍消少年豪。浮光寄流水，妙理付濁醪。微陽未出土，大雪飛鵝毛。試問冰霜勁，春來能久牢。

次韻景仁招宋溫之職方小飲

高人雨無事，相見輒傾懷。時以酒相命，何妨心自齋。燈期飛雪亂，春候苦寒乖。不就頹然醉，難堪風且霾。

次韻景仁飲宋溫之南軒二首

白髮迎新歲，皤然國老更。感時能細說，對酒任徐行。畫軸高分品，詩詞妙入評。疎狂先醉倒，應許恃鄉情。

其二

飲闌餅已磬話久僕須更高會艮難得危言豈易行歸休便老計

得失任臺評猶有青編在它年不世情

次韻景仁正月十二日訪吳續寺丞二絕

夜雪滿庭雞失晨瓊田早出不驚塵急須卷凍鋪黃道欲看燈山

萬萬人

濁醪時飲十分杯萬象溟濛曉氣皚醉倒籃輿夜歸去金吾寧復

識誰哉

柳子玉郎中挽詞二首

晩歲抽身塵土中灊山仍乞古仙宮羞將白髮隨馮叟欲就丹砂

纔葛洪龍虎未能留物化芭蕉久已悟身空騷人欲作招蒐賦蝉蛻𧕟非世俗同

新詩錦繡爛成編醉墨龍蛇灑未乾共首卜居空舊約宛丘攜手憶餘歡風流可見身如在鄉國全歸意所安行到都門送君處長河清淚兩汍瀾

贈淨圓臻長老

十方老僧十年舊燕坐繩床看奔走遠遊新自濟南來滿身自覺多塵垢煖湯百斛勸我浴驪山衮衮泉傾竇明窗困臥百緣絶此身瑩淨初何有清泉自清身自潔塵垢無生亦無滅振衣却起就

華堂老僧相對無言說南山采菌軟未乾西園擷菜寒方茁與君飽食更何求一杯茗粥傾銅葉

次前韻答景仁

儒林談道亦云舊遠自太史牛馬走區區分別竟何爲擾擾祇添心上垢道大如天不可測異出同歸各穿竇浩然一水散千漚都觀彼我曾無有我丈中心冰玉絜世上浮榮燼灰滅終年行道自不知笑指空門名異說此心未信道不生石上下種何由茁道在起居飲食中安問胡僧分五葉

遊城西集慶園

送客城西客已遠歸路北池接南苑氷澌片斷水光浮柳線和柔風力輭線牆朱戶誰家園流水平畦春日淺禁河分潤一池足洛圃移花百金賤飛甍斤斧聲未絕翠栢栽培影初遍傍人笑指高臺處前年適見荒榛滿金錢力奪天地功歲月未多風物換人生富貴無不成都門坐置山林觀暖風遲日時一到早出莫歸應未晚主人最貴稀出城長使憧憧路人看

遊杲仁東園

新春甫驚蟄草木猶未知高人靜無事頗怪春來遲肩輿出東郊輕裘試朝曦百草招生意喬松解寒姿尺書招友生冠蓋溢通逵

人生瞬息間幸此休暇時濁酒淪浮蟻嘉蔬薦柔荑春來莫嫌早
春去悲莫追公卿多王事田野遂我私松筠自擁蔽里巷得遊嬉
隣家五侯宅朱門掩芳菲畦花被錦繡庭檜森旌旗華堂絢金碧
疊觀凝煙霏髣髴象宮禁蕭條遠喧卑徐行日一至何異已有之
都城閉門早衆客紛將歸垂楊返照下歸騎紅塵飛但卜永日歡
未與清夜期人散衆籟絶庭光星斗垂安眠萬物外高世良在茲

欒城集卷之六終

欒城集卷之七

宋眉山蘇轍子由著

明東吳王執禮子敬　顧天叙禮初仝校

詩五十六首

次韻子瞻送范景仁遊嵩洛

尋山非事役行路不應難洛浦花初滿嵩高雪尚寒平林抽凍筍奇艷變山丹節物朝朝好肩輿步步安酴醾臘酒苜蓿薦朝盤得意忘春晚逢人語夜闌歸休三黜柳賦詠五噫鸞鶴老身仍健鴻飛世共看雲移忽千里世路脫重灘西望應思蜀東還定過韓

平川涉清潁絕頂上封壇出處看公意令人欲棄官

送蔣夔赴代州教授

憶遊太學十年初猶見胡公豈弟餘遍閱諸生非有道最憐能賦似相如青衫共笑方持板白髮相看各滿梳暫免百憂趨長吏勉調三寸事新書

次韻宿州教授劉涇見贈

此身雖復類潛夫衰老無心強著書道路不知奔走賤交遊空怪往還疎弦歌更就三年學簿領唯添一味愚它日相逢定何處莫將文采笑空疎

徐州送江少卿

夜雨泗河深，曉日輕舟發。帆開送客遠，城轉高臺沒。居人承瞻望，歸意何倉卒。公來初無事，豐歲多牟麥。鈴閣渡清風，芳罇對佳客。登臨未云厭，談笑方自適。朝廷念蘊老，府寺虛清劇。何以寄風流，江山遶官宅。

次韻子瞻寄眉守黎希聲

眼看狂瀾倒百川，孤根漂蕩水無邊。思家松菊荒三逕，回首謳歌沸二天。簿領沉迷催我老，春秋廢格累公賢。鄰居屈指今誰在，一念傷心十五年。轍昔侍先人於京師，與希聲鄰居太學前。是時公之亡兄與二亡姊皆在，今十五年而在者惟公與

僕二人言
之流涕

和李邦直學士沂山祈雨有應

宿雪雖盈尺不救春夏旱吁嗟遍野天不聞歌舞通宵龍一戰旋開雲霧布旌旗復遣雷霆助舒卷雨聲一夜洗塵埃流入溝河朝不見但見青青黍與禾老農起舞行人歌汗邪滿車尚可許供輸到骨期無它水行天地有常數歲歲出入均無頗半年分已厭枯槁及秋更恐憂滂沱誰能且共蛟龍語時布甘澤無庸多

陪子瞻遊百步洪

城東泗水平如席城頭遠山涵落日輕舟鳴櫓自生風渺渺江湖

動顔色中洲過盡石縱橫南去淸波頭盡白岸邊怪石如牛馬銜尾舳艫誰敢下沒人出沒須臾間御立沙頭手足乾客舟一葉久未上吳牛回首良間關風波蕩潏未可觸歸來何事嘗艱難樓中吹角莫煙起出城騎火催君還

李邦直見邀終日對臥南城亭上二首

一徑坡陁草木間孤亭勝絕俯川原靑天圖畫四山合白晝雷霆百步喧煙柳蕭條漁市遠汀洲蒼莽白鷗翻客舟何事來怱草逆上波濤吐復呑

東來無事得遨遊奉使淸閑亦自由撥棄簿書成一飽留連語笑

失千憂舊書半卷都如夢清簟橫眠似欲秋聞說歸朝今不久塵
埃還有此亭不

次韻邦直見答二首

眞能一醉逃煩暑定勝三杯禦臘寒自有詩書供永日莫將絲竹
亂風灘舞雩何處歸春莫叩角誰人怨夜漫聞道丹砂近有術鉛
銖稱火共君看

五斗塵勞尚足留閉門聊欲治幽憂羞爲毛遂囊中穎未許朱雲
地下遊無事會須成好飲思歸時亦賦登樓羨君幕府如僧舍日
向城隅看浴鷗

再次前韻四首

城頭棟宇恰三間楚望淒涼弔屈原雨洗山川百里淨風吹語笑一城喧鄉書莫問經時絕歲事初驚片葉翻南近淸淮鱸鱖好釣筒時問有潛吞

謬將疎野託交遊平日論心亦有由科第聯翩叨舊契利名疎闊少新憂淸談已覺忘朱夏濁酒先防虐素秋多病無聊唯有睡頻頻詩句未嫌不

野鶴應疑鳧鴈苦夏蟲未慣雪霜寒隱居顏氏終安巷垂釣嚴生自有灘破宅不歸塵可埽下田初種水應漫退耕尚作悠悠語拙

宦猶須步步看

欲作彭城數月留溪山勸我暫忘憂城頭準擬中秋望臺上遷延九日遊嵐氣雨餘侵近郭江聲風送隱危樓汀洲聚散知誰住且學漂浮水上鷗

雨中陪子瞻同顏復長官送梁燾學士舟行歸汶上

客從南方來信宿北方去手棹木蘭舟不顧長江雨江昏氣陰黑雨落無朝暮肅肅赴波濤濛濛暗洲渚微涼入窗闥斜吹濕蕉苧漂灑正紛紜談笑方容與不知江路長但覺青山鶩客去浩難追落日平西浦東遊本無事愛此山河古周旋樽俎歡邂逅英豪聚

兹遊有遺趣此樂恐宜屢賤仕迫程期遷延防譴怒秋風日已至輕舸行當具陰森古城曲蒼莽交流處懸知別時念將行重回顧非緣一寸祿應作三年住

同子瞻泛汴泗得漁酒二詠

江湖性終在平地難久居漾水雨新漲扁舟意自如河身縈疋素洪口轉千車願言棄城市長竿夜獨漁

其二

懶思久廢詩病腸不堪酒強顏水石間濫蹟賓主後不知白浪翻但怪青山走莫隨使車塵豈畏嚴城斗

明日復賦

放舟城西南卻向東南泊朝來雨新霽白水浸城腳古汴多流苴清泗亦浮沫平吞百澗暴滅盡三洪惡遊人不勝喜水族知當樂舟行野鳬亂網盡修鱗躍香醪瀰白蟻鱠縷塡花蕚人生適意少一醉皆應諾同遊非偶然後會未前約簡書尚見寬行日爲公卻

贈吳子野道人

食無酒肉腹亦飽室無妻妾身自好世間深重未肯回達士清虛輒先了眼看鴻鵠薄雲漢長笑駑駘安棧阜腹中夜氣何郁郁海底朝陽常杲杲一壓不顧舊山深萬里來看故人老空車獨載王

陽纍遠遊屢　安期棗東州相逢眞邂逅南國思歸叉鷰嬌道成

方平背癢莫念痲姑爪

李邦直出巡靑州余不久將赴南都比歸不及見矣作詩贈

別

東道初來託故人南樓頻上泗河濱江山尚有留人意樽俎寧當

厭客貧顧我及秋行不久問君觸熱去何因西歸涼冷霜風後濁

酒淸詩誰與親

司馬君實端明獨樂園

子嗟邛中親藝痲邵平東陵親種瓜公今歸去事農圃亦種洛陽

千本花修篁遶屋韻寒玉平泉入畦紆臥虵錦屏奇種斸巖竇嵩高靈藥移萌芽城中三月花事起肩輿遍入公矦家淺紅深紫相媚好重樓多葉爭矜誇一枝盈尺不論價十千斗酒那容賖歸來屐履苔逕滑醉倒閉門春日斜車輪班班走金轂印綬若若趨朝衙世人不顧病楊綰弟子獨有窮矦芭終年著書未曾厭一身獨樂誰復加宦遊嗟我久塵土流轉海角如浮槎歸心每欲自投劾孺子漸長能扶車過門有意奉談笑幅巾懷刺無袍韡

送顔復起闕

簞瓢未敢安貧性皃繹猶傳直道餘不見失官愁慼慼但聞高臥

起徐徐居中舊厭軍容講補外仍遭城旦書此去將身置何許秋風未免憶鱸魚

王詵都尉寶繪堂詞

戾家玉食繡羅裳彈絲吹竹喧洞房哀歌妙舞奉清觴白日一醉萬事忘百年將種存慨慷西取庸蜀踐戎羌戰袍賜錦盤鵰章寶刀玉玦餘風霜天孫渡河夜未央功臣子孫白且長朱門甲第臨康莊生長介胄羞膏粱四方賓客坐華堂何用爲樂非笙簧錦囊犀軸堆象牀竿叉連幅翻雲光手披橫素風飛揚長林巨石插雕梁清江白浪吹粉牆異花没骨朝露香徐熙畫花落筆縱橫其子嗣變格以五色染就不見

筆迹謂之沒骨蜀趙昌蓋用此法耳鷙禽猛獸舌齶張騰踏騕褭聯驌驦噴振風雨
馳平岡前數顧陸後吳王老成雖喪存典常坐客不識視茫洋麒
驎飛烟郁芬芳卷舒終日未用忙遊意淡泊心清涼屬目俊麗神
瀲昂君不見伯孫孟孫俱猖狂干時與事神弗臧

逍遙堂會宿二首 并引

轍幼從子瞻讀書未嘗一日相舍既壯將遊宦四方讀韋蘇州詩至安知風雨夜復此對床眠惻然感之乃相約早退爲閑居之樂故子瞻始爲鳳翔幕府留詩爲别曰夜雨何時聽蕭瑟其後子瞻通守餘杭復移守膠西而轍滯留於淮陽濟南不見者七年熙寧十

年二月始復會於澶濮之間相從來徐留百餘日時宿於逍遥堂追感前約爲二小詩記之

逍遥堂後千尋木長送中宵風雨聲誤喜對牀尋舊約不知漂泊在彭城

秋來東閣涼如水客去山公醉似泥困臥北窗呼不起風吹松竹雨淒淒

過張天驥山人郊居

南山莫將歸下訪張夫子黍稷滿秋風蓬麻翳隣里君年三十八三十有歸意躬耕奉慈親未覺鉏耰鄙讀書北窗竹釀酒南園水

松菊半成陰日有幽居喜客來時借問問子何年起新求西溪石更築茆堂址但令三歲熟此計行亦遂堂成不出門清名滿朝市

魏佛狸歌

魏佛狸飲泗水黄金甲身鐵馬箠鞞睨山川俯畫地畫作西方佛名字卷舒三軍如使指奔馳萬夫鑿山觜雲中孤月妙無比青蓮湛然俛下視擊鉦卷旆抽行營北徐府中軍吏喜慶僉築室依雲烟俯窺城郭衆山底興亡一瞬五百年細草荒榛沒孤壘

雜興二首

陋巷丈夫病且貧懸鶉百結聊庇身蠕蠕大蟲長孫子敗縉敝絮

開陽春故襦寬博裹肩髀出没逡巡初莫畏一朝換酒入隣家顧視腰間猶犢鼻入縫循腰還自足肌膚轉近尤為福昨皮吮血無已時應待渠家具湯沐

朱輪華蓋事遠遊麁無良馬乘疲牛青絲玉勒金絡頭任重道遠旁人憂奔馳往來歷山邛騰坑投淖摧轅輈已壓復起行未休青芻黄粱為君羞長路漫漫經九州場有白駒胡不收飢食玉山飲河流朝秣幽冀莫炎陬奔雲掣電不少留僕夫顧之心懷愁王良不生誰與謀哀哉駿骨千金酬

贈致仕王景純寺丞

灊山隱君七十四紺瞳綠髮初謝事腹中靈液變丹砂江上幽居連福地彭城爲我住三日明月滿船同一醉丹書細字口傳訣顧我沉迷眞棄耳年來四十髮蒼蒼始欲求方救憔悴它年若訪灊山居愼勿逃人改名字

初發彭城有感寄子瞻

秋晴卷流潦古汴日向乾扁舟久不解畏此行路難此行亦不遠世故方如山我持一寸刃巉絕何由刋念昔各年少松筠閟南軒閉門書史叢開口治亂根文章風雲起胸膽渤澥寬不知身安危俛仰道所存橫流一傾潰萬類爭崩奔孔融漢儒者本自輕曹瞞

誓將貧賤身一悟世俗昏豈意十年內日夜增濤瀾生民竟顛頓
遊宦豈復安水深火益熱人知蹈憂患甄豐且自剄劉歆苟盤桓
而况我與兄飽食顧依然上顧天地仁止此禍亂源歲月一徂逝
尚能反邛園

次韻子瞻見寄

哀哀河渭濁皎皎江漢清源流旣自異美惡終未明嗟我頑鈍質
乃與公竝生出處每自託謳吟輙賡譍如病足馬共此千里程
勝負坐已決豈待終一枰憶公年少時濯濯吐新萌堅姿映松栢
直節凌榛荆學成志益厲秋霜落春榮澹然養浩氣脫屣遺齊卿

百鍊竟不變三年終未鳴區區兩郡守籍籍四海聲年來效瘖默世事慵譏評不見室家好悅如揖重城別離長塵垢歲月何崢嶸彭門偶會合白髮互相驚受教恐不足吐論那復爭疾雷發聾聵淸月照昏盲篤愛未忍棄浪云舊齊名更請問郭許題品要當精

子瞻杭州見寄詩云先生別駕舊齊名

將至南京雨中寄王鞏

河牽一線流不斷雨散千絲卷却來烟際橫橋村十里船中倦客酒三杯老年轉覺脾嫌濕世路早令心似灰賴有故人憐寂寞繫舟待我久徘徊

次韻王鞏見贈

南都逢故人共此一樽淥初來栁吹絮再見風脫木我老歡意微頭垂腰背曲羡子方少年健馬走平陸狂歌手自拊醉倒頭相觸人生比一瞬世網張萬目但取食場雞豈掛雲飛鵠彭城久相遲官舍虛東屋重陽試新釀謂子當不速胡爲聽婦言婉孌自相逐我舟得愁霖牽挽脫坑谷風霜作初寒病體欲生粟解子腰下龜換酒不須贖照碧凝清光相將飲黄菊

送交代劉莘老

建元一二間多士四方至翩翩下鴻鵠一一抱經緯功名更唯諾

爵祿相饋遺縱横聖賢業磊落君臣意慷慨魯諸生雍容古君子
扶搖雲漢上睥睨千萬里入臺霜凜然不肯下詞氣失足青冥中
投命江湖裏區區留都客矯矯當世士空使往來人歎息更相指
我生本羈孤無食強爲吏褰裳避塗泥十載守顦顇逝將老茅屋
何幸繼前軌念君今尚然顧我眞當爾百年同一夢窮達浪憂喜
有酒慰離愁貧賤非君恥

次韻王鞏九日同送劉莘老

頭上黄花記别時樽中淥酒慰淒悲畫船牽挽故不發紅粉留連
未遽離小雨無端添别淚遥山有意助顰眉十分酒盞從敎勸堆

案文書自此辭

次韻王鞏欲往徐州見子瞻以事不成行

河水南來遶郡城銀刀空復衒衙兵交情舊許雞爲具客信那知鵲妄鳴爲婦遲留應未怪還家倉卒定何營不關秦女箏聲怨自趁招賢浚上旌

宣徽使張安道生日

從公淮陽今幾年憶持壽斝當公前祝公齒髮老復少歲歲不改冰霜顏掃除四海一清淨整頓萬物俱安全今年見公商邱側奉祠太一眞仙官身安氣定色如玉脫遺世俗心浩然幽居屢過赤

松子長夜親種丹砂田此中自有不變地歲閱生日如等閑門前
賀客任塡委世上多故須陶甄秋風坐見蒲柳盡歲晏惟有松栢
堅斯人未安公未用使公難老應由天

章氏郡君挽詞　子厚母

馮唐垂老郎潛後李白風流罷直餘解組同歸榮故國剖符仍得
奉安輿家聲未替三公舊葬客應傾數郡車德映閨門人莫見埋
文亍細列幽墟

聞王肇還京會客劇飲戲贈

聞君歸去便招呼笑語不知淸夜徂結束佳人試銀甲酉連獼䧟

惱金吾燭花零落玉山倒詩筆欹斜翠袖扶暫醉何年依錦瑟東齋還復臥氍毹

次韻王犨遊北禪

蕭蕭黄葉下城頭頓作野田風日秋粗有樽罍隨處好堇無敲朴便能幽人稀野鳥應同樂水涸遊魚似欲愁客去知君歡未已遶城攜手更遲留

次韻王犨懷劉莘老

兩都來往太頻頻眞是人間自在人十載讀書同白屋千金爲客買朱唇結交京邑傾心肺寓思禪宗離垢塵爲問西歸天祿客何

時同看洛川神

飲餞王輦

送君不辦沽斗酒撥醅浮蟻知君有問君取酒持勸君未知客主定何人府中杯棬強我富案上苜蓿知吾眞空廚赤腳不敢出大堤花艷聊相親愛君年少心樂易到處逢人便成醉醉書大軸作歌詩頃刻揮毫千萬字老夫識君年最深年來多病苦侵凌賦詩飲酒皆非敵危坐看君浮太白

送王輦兼簡都尉王詵

可憐杜老貧無食杖藜曉入春泥濕諸家厭客頻惱人往往閉門

不得入我今貧與此老同交遊冷落誰相容幸君在此足遊衍終日騎馬西復東送君仍令君置酒如此貧交世安有君歸速語王武子因君回船置十斗

呂希道少卿松局圖

溪回山石間蒼松立四五水深不可涉上有横橋渡溪外無居人磐石平可住縱横遠山出隱見雲日莫下有四老人對局不回顧石泉雜風松入耳如暴雨不聞人世喧自得山中趣何人昔相遇圖畫入紈素塵埃依古壁永日奉樽俎隱居畏人知好事竟相誤我來再三歎空有飛鴻慕逝將從之遊不惜爛樵斧

寄孔武仲

濟南舊遊中好學惟君耳君居面南麓洶湧岡巒起我來輙解帶簷下炙背睡煎茶食黎栗看君誦書史君歸苦倉卒窗戶日摧毀遷居就清曠改築富前址開畦得遺植遶壁見題字雲山顧依然簿領輙隨至思君猶未忘滿秩行自棄爾來鉅野溢流潦壓城壘池塘漫不知亭榭日傾弛官吏困堤障麻鞋汙泥滓別來能幾何陵谷既遷徙宅日重相逢衰顏應不記

孔君亮郎中新葺闕里西園棄官而歸

宦情牢落苦思歸君側無人𦬊子思手種松筠須灌溉親修寢廟

憶烝祠定應此去添桃李還似舊塋無棘茨他日東遊訪遺烈因

公導我謁先師

寄濟南守李公擇

岱陰皆平田濟南附山麓山窮水泉見發越遍溪谷分流遶塗巷
暖氣烝草木下田滿粳稻秋成比禾菽池塘浸餘潤菱芡亦云足
辭家四千里恃此慰窮獨公從吳興來苕霅猶在目應恐齊魯間
長被塵土辱不知西垣下滉漾千畝深仰見鷗鷺翻俯視龜魚浴
初來厭桴鼓稍久捐鞭朴清詩調嘉賓夜話繼華燭飛花暮雪深
浮蟻糟床熟相對各忘歸西來自嫌速人生每多故樂事難再卜

鉅野一汗漫河濟相騰蹙流沙翳桑土蛟蜃處人屋農畝分沉埋城門遭板築傷心念漂蕩引手救顚覆勞苦空自知吁嗟欲誰告遙知舊遊處落落空遺躅平生讀書史物理粗能矚歸耕久不遂終作羝羊觸賦詩心自驚請公再三讀

雪中會飲李倅鈞東軒三絕

衆客喧譁發酒狂逡巡密雪自飛揚莫嫌作賦無枚叟且喜延賓有孝王

雪花如掌墮堦除劇飲時看臥酒壺半夜瓊瑤深沒膝欲歸迷路肯留無

竹裏茅菴雪覆簷爐香藹藹著蒲簾欲求初祖安心法笑我醺然
已半酣

張恕寺丞益齋

人生不讀書空洞一無有羡君常齋居散帙滿前後開編試尋繹
閲歲行自富從橫畫圖出次第宮商奏汪洋畜江河眇莽包林藪
興亡數千歲絡繹皆在口顧念今所知頗覺前日陋我家亦多書
早歲嘗竊叩晨耕掛牛角夜燭借鄰牖經年謝賓客飢坐失昏晝
堆胷稍蟠屈落筆逢左右樂如聽鈞天醉劇飲醇酎自從厭蓬蓽
誤逐功名誘初心一漂蕩舊學皆榛莠失足難遽回撫卷長自詬

幸君無事年謂可終身守春耕不厭深秋穫當自受金玉或爲災詩書豈相負

除夜會飲南湖懷王聾

歲晚城東故相家夜聽簾外落瓊花醉眠東閣銀釭暗起視中庭風竹斜會酒近來無柰薄秦箏別後苦聞誇思君勸對空吹飲歸去紛如日莫鴉

次韻張恕戲王聾　去歲此日大雪僕醉定國東齋

二君豪俊竝侯家歌舞爭妍不受誇聞道肌膚如素練更堪鬢髮似飛鴉

送轉運判官李公恕還朝

我行未厭山東遠昔遊歷下今梁宛官如雞肋浪奔馳政似牛毛常黽勉幸公四年持使節按行千里長相見鷹擊秋田伏兎驚驥馳平野疲牛勸似憐多病與時違未怪兩州從事懶除書奪去一何遠歸袖翩翩然不容挽黃河東注竭昆崙鉅野橫流入州縣民事蕭條委濁流扁舟出入隨奔電回首應懷微禹憂歸朝且言寧親便公知齊楚卽爲魚勸築宣防不宜緩

欒城集卷之七終